채소와 마주 한 상

채소와 마주 한 상

재인 레시피북

초록빛 온기와 용기를 담아

멜론
카르북스

Prologue.

마음 가는 대로
하다 보면

　　　　　　레시피를 주제로 책을 낼 일은 없을 거라고 생각했다. 서점에는 이미 레시피 책이 넘쳐 나고, 레시피를 따라 요리하기를 즐기지 않을 뿐만 아니라 '정해진 레시피라는 건 없다'는 게 나의 생각이었다. 내가 하는 요리가 따라서 만들어 볼 만큼 대단한 비법이 숨겨진 것도 아닌데 그런 걸 책으로 낸다는 게 어쩐지 양심에 찔렸다. 내가 레시피 책을 낸다면 이 세상에 필요 없는 쓰레기를 하나 더 보태는 일이 될 거라고 믿어 의심치 않았다. 그리고 무엇보다 내가 요리를 좋아하는 건 자유롭기 때문인데 레시피에는 '이렇게 해야 한다'는 규칙이 너무 많았다. 정해진 분량대로 요리하는 것에 별 흥미를 느끼지 못했다. 사람들도 나처럼 레시피 책 보는 걸 별로 재미있어하지 않을 거라고 무턱대고 단정 지었다.

　　　　그러다 처음을 떠올렸다. 거의 삼십 평생을 남이 해 준 밥만 얻어먹고 살다가 처음 주방에 혼자 내던져졌을 때, 사람들이 여기저기 공유해 둔 레시피가 나를 구원해 주었다. 엄마가 자주 해 주던 반찬의 맛을 내 입은 기억하고 있었지만 그걸 만들기 위해서 무얼 해야 하는지에 대해서는 하나도 아는 게 없었다. 그래서 매일 무얼 먹을지 메뉴를 정한 뒤 인터넷 검색을 하고 장을 보았다. 물론 시키는 대로 하지는 않았다. 필요한 재료가 너무 많았기 때문이다. 필요한 게 뭐 그리 많은지 그렇게 재료를 사다가는 칼질을 할 공간도 없어질 것 같았다. 최대한 집에 있는 것을 활용하고, 없으면 없는 대로 요리를 했다. 다행히 재료를 다 넣지 않아도 음식이 내 입에 맞았다. 그렇게 하나씩 나만의 레시피를 만들어 갔다. 나중에는 레시피를 보지 않아도 머릿속에서 그림을 그려 보고 상상하는 것만으로 한 그릇을 완성할 수 있게 되었다.

나의 요리 생활은 그렇게 불특정 다수가 친절하게 베풀어 준 선의로 시작되었다. 누구든 비슷하지 않을까. 우리가 삶의 지혜라 여기는 것들은 대부분 앞서 걸어간 이들이 나누어 준 경험에서 비롯되었다. 고사리에는 독성이 있으니 삶아서 물에 담가 두었다가 먹어야 한다는 사실, 땅속 깊은 곳에서 자라는 우엉이라는 식물도 먹을 수 있다는 것, 무의 이파리를 말려 두었다가 먹으면 오랫동안 저장할 수 있고 맛도 깊어진다는 것. 이런 것들을 알기까지 수많은 시행착오가 있었을 것이다. 과감하게 먹어 보고, 아프기도 하고, 목숨을 잃기도 하면서 말이다. 이 세상에 완전히 새로운 것은 없다. 오랜 세월 켜켜이 쌓인 시도와 발견들이 지금 여기까지 이어지고 있을 뿐이다. 거기에 나의 경험도 조금 보태 본다.

평생 육식을 해 온 사람에게는 채소로만 밥상을 차리는 것이 막막할 수 있다. 내게는 간단한 밥상이 누군가에게는 그 어떤 과제보다 어렵게 느껴질지도 모른다. 그래서 염치 불고하고 이 책을 쓰기로 했다. 여기 쓰인 것은 내가 먹고 살아온 기록이기도 하지만 나 혼자 만든 것은 아니다. 내 삶을 스쳐 지나간 모두가 이 책을 쓰는 데 도움을 주었다. 분주한 아침에 떠먹기 좋은 한 그릇 요리를 가져다주던 엄마도, 한집에 살면서 종종 요리를 해 주었던 커리 러버 동거인도, 전을 부쳐서 나눠 주던 옆집 아주머니도, 언젠가 먹었던 어느 식당의 칼국수 한 그릇도, 일일이 기억하지 못하지만 내 삶의 모든 음식이 지면에 녹아 있다. 그러니 이 책은 나 혼자 쓴 것이 아니고, 레시피들에 주인은 없다.

어쩌면 엉성하고 불친절한 책일지도 모르겠다. 어려운 부분이 있다면 그저 마음이 가는 대로 해 보기를 바란다. 마음대로 해도 큰일이 나지 않는다는 점이 요리의 가장 큰 매력인지도 모른다(최악의 경우에도 맛이 없는 것을 먹게 될 뿐이다). 나이가 들수록 마음대로 할 수 있는 일이 줄어든다. 이렇게 해야 하는 것도 많고, 저렇게 하지 말아야 하는 것도 점점 많아진다. 그렇게 이 사람 저 사람 눈치를 보며 살다 보면 어느새 나를 잃어버린다. 내 마음이 어디에 있는지, 무얼 원하는지도 잘 모르게 된다. 그러나 밥상만큼은, 먹는 일만큼은 내 마음대로 할 수 있으니 얼마나 좋은가. 마음 가는 대로 요리하다 보면 잃어버렸는지도 몰랐던 것들이 내 삶에 다시 찾아올지도 모른다.

차례

Prologue. 마음 가는 대로 하다 보면   4

00. 상하기 쉬운 재료의 보관법   14
00. 기본 재료 준비   18
00. 조미료   20

밥 *Rice*
: 엄마가 내게 하는 말

01. 템페 소보로 덮밥   32
02. 아스파라거스 푸주 덮밥   34
03. 초당옥수수 머윗대 들깨 덮밥   36
04. 죽순 버섯 튀김 덮밥   38
05. 풋고추 연두부 덮밥   40
06. 여름의 카레   42
07. 애호박 가지 된장 덮밥   44
08. 두부 크럼블 가지 덮밥   48
09. 마파두부 덮밥   50

반찬 *Side Dish*
: 감각의 외주화

01. 흰민들레 겉절이   58
02. 셀러리 두부 무침   60
03. 유부 고추잡채   62
04. 풋고추 된장 볶음   64
05. 강된장   66

06. 땅콩 다시마조림   68
07. 콩나물 두부조림   70
08. 청국장 김치 범벅   72

국 *Soup*
: 사랑의 이해

01. 쑥국   80
02. 참나물 순두부찌개   82
03. 미나리 버섯전골   84
04. 미역 콩나물국   86
05. 감자 미역국   88
06. 비건 부대찌개   90
07. 뿌리채소 수프   92
08. 우엉 들깨탕   94

면 *Noodle*
: 내가 바라는 미래

01. 미나리 크림 파스타   102
02. 완두콩국수   104
03. 쫄면   106
04. 두부면 냉채   108
05. 분짜   110
06. 단호박 크림 감자 뇨끼   112
07. 돼지감자 된장면   118
08. 김국 잔치국수   120

튀김 *Fries*
: 뉴슈가와 두 여자

01. 봄나물 채소튀김	128
02. 완두콩 팔라펠	130
03. 감자 크로켓	132
04. 느타리버섯 치킨	134
05. 연근 멘보샤	136
06. 마늘간장 템페 강정	138

소스 및 활용 레시피 *Sauce and more recipe*
: 시간은 모두 네 것이야

01. 미나리 간장과 콩나물 덮밥	146
02. 셀러리 페스토와 페스토 파스타	148
03. 레몬 소금과 토마토 살사	150
04. 완두콩 후무스와 후무스 허브 김밥	154
05. 와사비 마요네즈와 두부 크럼블 샌드위치	158
06. 탕수 소스와 연근 탕수	160
07. 쌈장과 호박잎 쌈밥	164
08. 양념치킨 소스와 떡강정	170

Epilogue. 나를 만나게 될지 모른다　　　　172

00.

상하기 쉬운 재료의 보관법

1. 생강

　보관이 어려운 대표적인 채소가 생강이다. 가을철에 수확하는 생강은 습도와 온도에 민감해서 쉽게 썩어 버린다. 썩은 부분을 도려낸다고 해서 먹을 수 있는 것도 아니다. 생강이 썩을 때 발생하는 발암물질 아플라톡신이 전체적으로 퍼지기 때문에 썩지 않은 부분까지 버려야 한다. 생강 수확 철에는 그래서 바쁘다. 수확한 후에 바로 손질해 두지 않으면 일반 가정에서는 보관이 어렵기 때문이다. 신문지에 싸서 냉장고에 넣어 둔다고 하더라도 겨울을 넘기기 힘들어서 일반적으로는 설탕에 절여 청을 담그거나 한꺼번에 갈아서 냉동 보관을 한다.
　그 외에 비교적 알려지지 않은 방법을 소개한다. 다음과 같이 만든 생강 절임은 1년 이상 보관할 수 있다. 생으로 사용할 때와 비슷하게 다양한 요리에 활용하기 좋다. 요리에 생강이 필요할 때는 건더기만 건져서 사용하면 된다. 그러면 국물이 남게 되는데, 이 국물은 맛술이나 미림과 같은 효과를 낸다. 생강과 소금, 소주가 발효하면서 생기는 감칠맛 덕분에 간을 할 때 소금이나 간장의 양을 줄이고 생강 절임 국물을 넣으면 맛이 더욱 풍부해진다.

재료

생강, 생강 무게 20%의 가는소금, 도수 높은 소주(생강이 충분히 잠길 만큼), 열탕소독 한 병

조리 과정

1. 생강을 손질한다. 수확한 지 얼마 되지 않은 생강은 손질이 쉽다. 볼에 물을 받아 생강을 잠시 담가 둔 뒤 손으로 문지르기만 해도 흙이 잘 떨어지므로 굳이 껍질을 벗겨 내기 위해 노력할 필요가 없다. 햇생강이 아닌 경우에는 물에 생강을 담가 30분 정도 불린 후에 사용한다. 생강 껍질은 숟가락이나 과도의 칼등으로 긁어서 벗겨 낸다.

2. 손질한 생강은 30분 정도 널어서 말리거나 면포로 닦아 물기를 제거한 뒤 채를 썬다. 이때 너무 얇게 썰 필요는 없다.

3. 채 썬 생강 무게의 20% 분량으로 가는소금을 준비한다. 고급 소금일 필요 없이 천일염 간 것이면 충분하다. 만약 집에 굵은소금밖에 없다면 푸드프로세서에 넣고 갈아서 사용한다.

4. 채 썬 생강에 소금을 골고루 버무린 뒤 열탕소독을 한 병에 눌러 담는다.
5. 생강이 충분히 잠길 정도로 소주를 붓는다.
6. 실온에서 2~3일 발효시킨 뒤 냉장고에 넣어 보관한다. 실온에 두는 동안에는 하루에 한두 번씩 병을 흔들어서 소금을 녹인다. 2~3일 지났을 때 소금이 다 녹지 않았더라도 냉장고에 보관한다.

2. 버섯

버섯은 수분 함량이 높아서 냉장고에 며칠만 두어도 금세 곰팡이가 핀다. 버섯 보관이 어렵게 느껴진다면 230도 오븐에서 10~20분가량 굽는 것을 추천한다. 버섯마다 크기와 수분의 양이 모두 다르기 때문에 중간중간 오븐 안의 버섯 상태를 살피며 굽는 시간을 조절해야 한다. 버섯의 표면이 노릇해질 때까지 구우면 된다. 햇볕에 말리는 것과는 또 다르게 버섯의 맛이 응축되면서 특유의 향과 감칠맛이 늘어난다. 구워서 꾸덕꾸덕해진 버섯은 수분이 충분히 날아갔기 때문에 생버섯보다 더 오래 보관할 수 있을 뿐 아니라 채소만으로 부족한 감칠맛을 내기에도 좋다. 1~2주일 이내로 사용할 거라면 냉장고에서 보관해도 좋고, 한꺼번에 많이 구워서 필요한 때마다 꺼내 사용하고 싶다면 냉동고에 보관했다가 해동 없이 사용하면 된다. 버섯을 사 놓고 바로 사용하지 않거나 요리에 필요한 양보다 많은 버섯을 구매했을 때 오븐에 구워 보시라. 이제껏 만나 본 적 없는 맛과 향의 세계로 구운 버섯이 당신을 인도할 것이다.

3. 두부

두부는 유통기한이 짧다. 채식하는 사람들의 냉장고에는 항상 두부가 들어 있을 정도로 자주 먹는 식재료인데, 그러다 보니 제때 사용하지 못하고 방치하게 되는 경우가 종종 있다. 유통기한이 임박해 오면 두부를 냉동고로 보낸다. 냉동된 두부는 유통기한과 관계없이 오래도록 보관할 수 있다. 얼린 두부는 안쪽에 구멍이 뽕뽕 뚫려 있어서 찌개에 넣으면 간이 잘 밴다. 또한 물기를 제거하기 쉬워서 크럼블로 만들 때 시간이 절약되며, 전분에 버무려서 튀기면 치킨 가라아게 같은 식감으로 변신한다. 일부러 두부를 냉동할 때도 있지만 어쩌다 유통기한 내에 사용하지 못해 냉동고로 보낼 때에도 재료 관리를 못했다는 자책감이 들기보다 얼린 두부로 만들 별미 요리 생각에 설레고 들뜬다.

00.

기본 재료 준비

1. 다시마 채수 만들기

채수를 내고 남은 다시마는 냉동고에 보관해 두고 다양한 요리에 사용할 수 있다. 된장찌개를 끓일 때 썰어서 넣어도 좋고, 밀가루를 개어 전을 부쳐 먹거나 땅콩조림을 만들 때 넣어도 좋다.

재료
손바닥만 한 다시마 1장, 물 1L

조리 과정
1. 냄비에 물을 넣고 팔팔 끓인 뒤 불을 끈다.
2. 끓인 물에 다시마를 넣고 30분 이상 그대로 두면 완성.

2. 버섯 손질하기

버섯은 물에 씻지 않는 게 좋다. 버섯이 스펀지처럼 물을 흡수하기 때문에 맛이 싱거워지기 십상이다. 버섯은 대부분 깨끗하게 유통되기 때문에 밑동을 잘라 내고 마른 면포로 먼지 등을 털어서 쓰면 된다.

3. 두부 간수 빼기

두부는 간수에 담겨서 유통된다. 두부 팩을 채운 간수뿐 아니라 두부 자체가 간수를 머금고 있다. 요리에 따라 두부의 간수를 빼는 것이 좋은 경우가 있는데, 보통 두부에 압력을 가해 간수를 뺀다. 두부를 체에 밭친 상태로 적당한 무게의 물체를 올려놓거나 두부를 면포로 감싼 뒤 눌러 두면 주방이 간수로 흥건해지는 불상사를 막을 수 있다. 그렇게 30분 정도 간수를 뺀 다음 사용하면 된다. 간수를 빼면 뺄수록 두부 고유의 맛이 살아나므로 간수를 좀 더 많이 빼고 싶다면 체에 밭친 두부를 냉장고에 넣어서 하룻밤 정도 두어도 좋다. 간수를 많이 뺄수록 두부가 더 쫀득하고 고소해진다.

두부 팩에 물을 채운 뒤 두부 위에 올려 두면 간수가 빠진다

00.

조미료

1. 장류(된장, 조선간장, 진간장, 고추장)

장류는 자연 발효된 것을 사용한다. 시중에 판매하는 것들은 대개 효소를 넣거나 화학적 반응을 일으켜 만든 제품이다. 물론 맛은 있지만 자연 발효된 장이 가지고 있는 감칠맛은 없다. 감칠맛을 보완하기 위해 다양한 화학 성분을 첨가한 것은 물론이고 당분 또한 과해서 인위적이고 자극적인 맛이 강하다. 첫입에는 맛있게 느껴지지만 먹을수록 질리게 된다. 장을 자연 발효된 것으로 바꾸기만 해도 요리가 한층 맛있어지고, 맛을 내기 위한 각종 조미료(두반장, 굴소스 등)가 필요 없어진다. 특히 채소 요리는 더욱 그렇다.

- 된장: 옹기뜸골의 된장을 사용하고 있다. 두레생협이나 프롬(www.from.kr)에서 구매할 수 있다. 장을 가를 때 간장을 과하게 걸러 내지 않아 촉촉한 된장으로 특유의 감칠맛과 콩의 단맛이 살아 있다.
- 조선간장: 옹기뜸골의 조선간장을 사용하고 있다. 두레생협이나 프롬(www.from.kr)에서 구매할 수 있다. 조선간장은 단맛이 없는 한국 전통 방식의 간장으로 짜면서 깊은 맛이 난다. 국에 간을 할 때 주로 사용해서 국

간장이라고도 불리지만, 채소 요리를 할 때는 액젓 대신 조선간장을 넣는 등 다양하게 활용할 수 있다.

- 진간장: 두레생협의 맛가마 원액간장, 한살림 진간장을 사용하고 있다. 두 제품은 서로 다른 곳에서 다른 이름으로 판매하고 있지만 같은 곳에서 생산한 양조간장으로 물, 콩, 소금, 밀로 만든 종국(種麴, 누룩을 만드는 씨가 되는 것)만을 사용해서 만든 자연 발효 간장이다. 밀로 만든 종국의 단맛 때문에 주로 조림 간장으로 쓴다.
- 고추장: 두레생협의 옥당고을 순우리찹쌀고추장이나 한살림 솔뫼찹쌀고추장을 사용하고 있다. 찹쌀과 조청을 넣어 만든 고추장으로 단맛이 풍부하지만 시판 고추장처럼 인위적으로 달지 않아서 다양한 요리에 두루 사용하기 좋다.

2. 소금

일반 가정에서는 굵은소금과 가는소금 두 가지 종류를 구비해 두고 쓰는 경우가 많을 것이다. 가는소금으로 맛소금을 사용하기도 하는데 맛소금은 정제해서 짠맛만 추출해 낸 소금에 화학조미료를 첨가한 것으로, 천연 소금이 가지고 있는 여러 미네랄 성분이 제거된 상태에 가깝다. 정제한 소금은 별도의 소화 과정 없이 먹는 즉시 체내에 흡수되므로 혈압을 급격히 높인다. 따라서 천연 소금(천일염)을 섭취하는 것이 좋다. 천연 소금에는 염분 외에도 다량의 무기질이 들어 있어서 소금만으로도 풍부한 감칠맛을 낼 수 있다.

소금 맛이 요리의 맛에 전반적으로 영향을 끼친다는 사실이 알려진 후로 히말라야 핑크솔트나 게랑드 소금 같은 세계 각국의 소금을 어렵고 비싸게 구매하려는 추세이지만 굳이 그럴 필요는 없다. 소금을 수입하며 발생하는 탄소발자국과 환경파괴를 차치하더라도, 우리나라는 삼면이 바다로 둘러싸여 있는 데다 소금 생산에 크게 제한을 두고 있지 않기에 맛있는 소금이 다양하게 생산되기 때문이다. 그중 내가 집에서 사용하는 소금 세 가지를 소개한다. 소금은 생산지나 생산 방식에 따라 맛이 전부 다른데, 각각 특징이 다른 소금을 함께 사용하면 풍부한 맛을 내는 데 도움이 된다. 예컨대 감칠맛이 나는 토판염과 단맛을 가진 죽염을 둘 다 사용해 간을 하면 그 자체로 음식 맛이 풍부해진다. 특히 국을 끓일 때 두 가지 소금을 사용하면 좋다.

- 토판염: 신안애 자연바라기 토판염을 사용하고 있다. 흙판에서 전통 방식으로 생산하는 소금으로, 흙 속의 다양한 미생물이 함유되어 감칠맛이 풍부하다. 주로 기본적인 간을 할 때 토판염을 쓴다.
- 죽염: 경방원죽염을 사용하고 있다. 구워서 만드는 죽염은 쓴맛이 없고 짠맛이 강하며 특유의 단맛이 있다. 주로 생채소를 먹을 때 사용하고 있다.
- 굵은소금: 알이 굵은 천일염. 두레생협이나 한살림에서 구매하고 있다. 굵은소금은 채소나 면을 데치거나 삶을

때, 채소를 절일 때 주로 사용한다. 이때의 소금은 요리의 맛을 결정하기보다는 재료의 수분을 제거하고 채소의 맛을 보존하는 역할이다. 토판염이나 죽염을 사용해도 상관은 없지만, 많은 양이 필요하고 대부분 버려지기 때문에(채소 삶은 물이나 절인 채소에서 나온 물은 보통 버리기에) 굵은소금을 사용하는 것이 경제적이다.

왼쪽부터 굵은소금, 토판염, 죽염

3. 기름

기름은 요리의 풍미를 돋워 준다. 죄인 취급을 받으며 적게 쓸수록 좋다고들 여기기도 하지만 우리 몸에 필요한 성분인 지방을 섭취하는 데 효과적인 재료다. 다만 산패한 기름은 몸에 좋지 않으므로 반드시 피한다. 유통기한이 지나지 않은 신선한 기름을 사용할 것을 권하며, 한번 가열한 기름은 최대한 빨리 쓰는 것이 좋다.

- 들기름·참기름: 농부창고의 들기름과 참기름을 사용하

고 있다. 볶지 않고 압착해서 만든 것으로, 볶은 기름보다 유통기한이 길고 신선하며 풍미가 확연하게 다르다. 생기름의 풍미에 빠져들면 그 매력에서 헤어나기 힘들다.

- 현미유: 두레생협이나 한살림에서 판매하는 현미유를 사용하고 있다. 요리유로는 다양한 기름을 사용할 수 있는데, 그중 Non-GMO이면서 국내에서 생산한 것을 골랐다. 압착한 기름은 아니지만 해마다 잔여물 검출 검사를 한다는 점을 믿고 사용하고 있다. 원재료를 직접 길러서 만들지 않고서야 완벽히 마음에 드는 제품을 찾기는 어렵다. 특히 기름을 고르는 일이 어려운 편인데, 각자의 신념과 기호에 따라 선택하면 된다.

- 콩기름: 두레생협이나 한살림에서 판매하는 Non-GMO 콩기름을 사용하고 있다. 튀김을 만들 때 주로 사용한다. 튀김유로 현미유를 사용해도 괜찮지만 현미유는 용량이 작기 때문에 한꺼번에 많은 양이 필요한 튀김을 할 때는 대용량의 콩기름을 구매한다. 사용하고 남은 콩기름은 체에 걸러서 보관해 두었다가 주방 비누를 만들어서 쓴다.

4. 당분

　　주방에서 기름만큼이나 죄인 취급을 받는 것이 당분이다. 당분 자체가 나쁘다기보다는 정제한 당분은 소화 작용 없이 체내에 흡수되어 혈당을 급격하게 높이므로 몸에 좋지 않은 것이다. 현대인이 즐겨 먹는 음식 대부분에 정제한 당분이 잔뜩 들어 있으니 집에서 요리할 때는 되도록 당분 사용을 줄일 것을 권한다.

　　요리를 하며 재료의 특성에 대해 알아 가면 당분을 사용하지 않아도 맛을 내는 방법을 터득하게 된다. 그러면서 당분의 사용도 자연스럽게 줄어든다. 당분이 꼭 필요한 요리에는 최소한으로 사용하되 정제하지 않은 당분을 사용하는 것이 좋다.

- 조청: 조청은 엿기름과 쌀밥을 섞은 뒤 당화시켜 만드는 우리나라 전통 감미료로 은은한 단맛이 난다. 인위적으로 추출해 낸 단맛이 아니기 때문에 인체에 부담을 크게 주지 않는다.
- 머스코바도: 사탕수수의 즙을 짜내고 수분만을 증발시켜 만드는 농축된 결정으로, 정제 과정을 거치지 않기 때문에 시판되는 설탕처럼 혈당을 급격하게 높이지 않는다. 특유의 향이 있지만 막상 요리에 넣고 나면 향이 잘 느껴지지 않고 감칠맛 덕에 음식 맛이 더욱 풍부해진다.

5. 식초

두레생협이나 한살림에서 판매하는 현미식초를 사용하고 있다. 곡물의 단맛이 은은하게 배어 있으며 산미가 강하지 않아서 두루 사용하기 좋다.

※계량의 기준
이 책에서 사용한 계량은 일반적인 기준과 다소 차이가 있다. 1큰술은 밥숟갈로 1숟가락을, 1작은술은 1찻숟가락을 의미한다. 1컵은 집에서 사용하는 머그컵이 기준이다. 대략 250ml 정도 된다. 한 줌은 손에 가득 쥐었을 때의 분량인데, 사람마다 손의 크기가 다르므로 야구공 정도의 부피라고 생각하면 된다.

※간을 할 때는
사람마다 선호하는 맛이 다르고, 사용하는 재료의 수분 함량과 크기도 모두 다르기 때문에 간하는 양은 언제든 바뀔 수 있다. 레시피를 기준으로 하되 간하는 재료를 한꺼번에 넣지 않고 ⅔ 정도 먼저 넣어서 간을 본 다음 입맛에 따라 양을 맞추도록 한다.

※ 채소의 크기
각 레시피의 재료에서 채소 크기에 대한 가이드가 필요할 경우 재료명 옆 괄호 안에 S, M, L로 표기해 두었다.

밥
–
Rice

엄마가 내게 하는 말

소풍날에 엄마가 싸 주던 도시락에는 무지개 색의 주먹밥이 담겨 있었다. 다진 고기, 계란 노른자, 흑임자, 참깨, 노란색과 빨간색 파프리카, 피망, 당근이 돌아가며 각자의 색감을 뽐내고 있었다. 엄마의 주먹밥처럼 만들기 위해서는 각 재료를 따로 볶고 색이 섞이지 않도록 재료마다 따로 주먹밥을 빚어야 한다. 세상 귀찮은 일이기 때문에 나는 재료를 모두 섞는 방식으로 주먹밥을 빚는다. 그래도 종종 엄마가 해 주던 주먹밥을 빚을 때가 있다. 냉장고에 당근밖에 없는데 뭘 해 먹을지 모르겠다든가 도시락을 알록달록하게 싸고 싶을 때. 오래간만에 엄마식 주먹밥을 만들어 점심으로 먹었다. 비트를 다져 식초와 소금으로 간을 한 뒤 들깻가루를 곁들인 분홍색 주먹밥과 세발나물을 잘게 다져 참깨를 갈아 넣은 초록색 주먹밥, 다진 우엉과 템페를 볶아 진간장으로 간을 해 빚은 베이지색 주먹밥. 그리고 내가 가장 좋아하는 주황색 주먹밥은 강판에 간 당근의 물기를 꼭 짜서 프라이팬에 기름 살짝 두르고 볶은 것으로 만들었다.

외출하고 돌아온 엄마의 손에 비닐봉지가 들려 있다.
"뭐 샀어?"
"아빠 반찬. 우리 먹을 거는 많은데 아빠 먹을 게 없어서."

일주일에 한 번 정도, 엄마는 아빠가 먹을 반찬을 사러 반찬 가

게에 간다. 나는 채소 요리만 하기 때문에 엄마의 손에 들린 봉지 안에는 주로 메추리알 장조림이나 소불고기, 오징어볶음 같은 반찬이 들어 있다. 처음에는 엄마가 반찬을 사 오면 칠색 팔색을 했다. 그러고는 반찬 투정을 하는 아빠를 쫙 째진 눈으로 흘겨보면서 먹기 싫으면 먹지 말라고 그릇을 휙 빼앗았다. 엄마가 아빠를 주려고 닭볶음탕 같은 걸 만들면 내가 먹을 것도 아니면서 공연히 짜증을 냈다. 다 맞춰 주지 마, 그러다 버릇 나빠져, 번거롭게 아빠 반찬을 왜 따로 해, 아빠도 그냥 우리랑 같은 거 먹으라고 해, 먹기 싫으면 먹지 말라 그래, 배고프면 먹겠지, 고마운 줄도 모르고, 같은 말을 하면서.

　　엄마와 내가 빚은 주먹밥은 각자의 모습과 닮았다. 내가 만든 주먹밥은 모든 재료가 섞여서 하나로 뭉쳐 있고, 엄마의 주먹밥은 각 재료별로 만들어서 고유의 색과 맛이 잘 드러난다. 그래서 같은 재료를 사용해도 내가 빚은 주먹밥은 다 같은 색과 맛, 모양을 하고 있는 반면 엄마가 빚은 주먹밥은 빨강, 초록, 노랑이 각자의 개성을 뽐낸다.

　　나는 모두가 같아야 한다고 생각했다. 다른 길로 가더라도 결국 다다라야 할 곳은 한곳일 거라고 생각했다. 언뜻 보면 다양한 사람을 존중하는 듯해도 목표가 다를 수 있다는 건 인정하지 않았다. 그래서 괴로웠다. 내가 사는 세상만 존재할 가치가 있다고 여겼으니까. 아름다운 세상을 더럽히는 사람이 너무 많았다. 내가 사는 세상에는 아름다운 것만 존재할 수 있었다. 내 눈에 아름답지 않은 것은 치워 버리고 싶은데 그러지 못해서 괴로웠다. 아빠를 대하는 걸 보면 아직도 멀었다. 나는 아빠의 다름을 무시하고, 못 본 척한다. 아빠가 다른 걸 원하는 것이 못마땅하고, 존중하지 않는다.

　　그러나 엄마는 다르다. 이야기를 듣는다. 설령 엄마를 귀찮게 하더라도 귀 기울이고 최대한 맞춰 준다. 우리처럼 되라고, 채소를 좋아하라고 아빠에게 강요하지 않는다. 내게는 그 모습이 존중으로 보인다. 아빠가 아빠로 살아가도록. 아빠로 존재할 수 있도록.

엄마의 세상에는 아름다운 것만 살지 않는다. 엄마와 생각이 다르더라도 사람은 다 다른 것이 당연해서 이럴 수도 저럴 수도 있다. 나는 엄마의 그런 모습이 때론 너무 물러 보였다. 엄마가 사회생활을 해 보지 않아서 가능한 일이라고 생각했다. 엄마가 살아가는 세상은 안전한 것들로만 이루어진 모양이라고. 그러나 진짜 세상은 그렇지 않다고. 인간관계나 사회생활이 바깥에만 존재한다고 생각하는 얄팍한 사고방식이었다. 생판 모르는 남보다 내 곁의 사람을 있는 그대로 존중하는 일이 더 어려운 법인데.

오로지 자기 자신만이 스스로를 변화시킬 수 있다는 것을 엄마는 잘 알고 있다. 각자 자기 흐름대로 살아갈 수 있도록 그저 놔둔다. 자신의 내면이 단단해야 가능한 일이다. 엄마는 어린 나에게는 무른 사람이었을지 몰라도, 어른이 된 나에게는 누구보다 강한 사람이다. 나는 아직도 세상을 내 기준에 끼워 맞추고 싶어 한다. 그럴 수 없어서 안달이 날 때도 있다. 사회생활을 15년 넘게 한 나보다 엄마가 더 인간관계에 현명하고 능숙하다. 엄마의 주먹밥은 엄마를 닮아서 당근이 파프리카가 될 필요 없고 피망과 흑임자가 어울리지 않아도 된다. 당근은 당근으로, 피망은 피망으로 존재한다.

물론 내가 만드는 주먹밥도 맛있다. 모두 한데 어우러져 하나의 맛을 내는 주먹밥은 그것 나름의 맛이 있는 것이다. 간이 세서 짤 때도, 반대로 간이 안 맞아서 싱거울 때도 있다. 밥물이 적어서 밥알이 생생하게 살아 있는 주먹밥이 될 때도 있고, 밥이 너무 질어서 떡처럼 쫀득한 주먹밥이 될 때도 있다. 사람마다 입맛이 다른 만큼 모두를 만족시키는 주먹밥은 없다. 이래도 저래도 망한 주먹밥은 없고, 이래도 저래도 안 되는 주먹밥도 없고, 이래야만 저래야만 되는 주먹밥도 없다. 주방 안에서는, 식탁 위에서는, 이래도 저래도 좀처럼 큰일은 나지 않는다. (자나 깨나 불조심…) 가끔 맛없는 것을 먹게 될 뿐. 그래서 좋아한다. 정해진 답이 없다. 다 다르게 적어 내도 모두가 정답이다.

엄마가 내게 해 준 요리를 내 방식으로 만들어 가며 엄마가 말해 주지 않은 것을 보고, 듣고, 배운다.

01.

템페 소보로 덮밥

ingredient.
템페 1팩, 진간장 1큰술, 완두콩 1컵, 굵은소금 1작은술, 적양배추(S) ¼개,
당근(M) 1개, 토판염 ⅔작은술

템페는 인도네시아의 콩 발효 식품으로, 채식 요리에 많이 사용한다. 두부와는 또 다른 매력의 깊은 고소함과 감칠맛이 있다. 생으로 먹기보다는 삶거나 구워서 속까지 충분히 익힌 뒤에 먹는 것이 좋다.
템페를 포함한 세 가지 색 이상의 재료로 다양하게 응용할 수 있는 덮밥을 소개한다. 냉장고 털이를 할 때도, 도시락 메뉴로도 좋다. 템페 크럼블 대신에 두부 크럼블을 넣어도 되고(158쪽 두부 크럼블 샌드위치 레시피 참고) 완두콩 대신 오이나 셀러리 절인 것, 애호박이나 케일 볶은 것을 넣어도 괜찮다. 당근 애호가로서 당근을 늘 넣는데, 당근의 단맛이 전체적인 맛의 밸런스를 잡아 준다. 적양배추 대신 잘게 다져 볶은 비트를 넣기도 한다.
볶은 재료들을 밥 위에 얹으면 소보로 덮밥이 되지만, 각 재료를 밥과 함께 비벼서 주먹밥으로 먹을 수도 있다. 재료를 볶을 때 간을 충분히 하므로 아무것도 더하지 않아도 맛있다. 조금 심심하게 느껴진다면 와사비 마요네즈(158쪽 참고)를 곁들이는 것을 추천한다.

1. 템페는 요리하기 1시간 전 실온에 꺼내서 해동한 후 사용한다. 새끼손톱 크기로 다진 것을 기름을 넉넉히 두른 팬에 볶고, 마지막에 진간장 1큰술을 넣어서 고루 섞은 뒤 불을 끈다.
2. 완두콩은 깍지째 삶아서 식힌 다음 깍지에서 분리해 내는 편이 번거롭기는 해도 맛이 더 좋다. 깍지에서 분리한 완두콩의 경우 냄비에 담아서 굵은소금을 넣고 충분히 잠길 정도로 물을 받아 풋내가 날아갈 때까지 삶는다. 냉동고에 얼려 둔 완두콩도 마찬가지다. 삶은 완두콩을 바로 건져 내지 않고 삶은 물에서 그대로 식히면 알이 쪼그라들지 않고 통통한 모양을 유지한다.
3. 적양배추와 당근은 새끼손톱 절반 크기로 잘게 다지고 토판염을 반씩 넣어 버무린 뒤 각각 프라이팬에서 볶는다. 적양배추는 다 익으면 파란빛을 띤 보라색에 가까워진다. 당근은 생채소 냄새가 날아가고 달큼한 냄새가 올라올 때까지 볶으면 된다.
4. 밥 위에 각각의 재료가 섞이지 않도록 주의하며 소복하게 올린다. 와사비 마요네즈를 곁들일 거라면 밥 위에 와사비 마요네즈를 얇게 펴 바른 다음 재료들을 얹는다.

02.

아스파라거스 푸주 덮밥

ingredient.

아스파라거스 5개, 완두콩 1.5컵, 대파(흰 부분) 20cm, 생강 1cm, 푸주 60cm, 굵은소금 1작은술, 토판염 0.5작은술, 현미유 조금

가끔 계란이 먹고 싶을 때가 있다. 그럴 땐 푸주를 사용해서 계란의 맛과 식감을 비슷하게 낼 수 있다. 와사비 마요네즈와 함께 김밥 재료로 써도 좋고, 두부나 템페 대신 샌드위치에 얹어도 잘 어울린다.

아스파라거스와 완두콩은 나는 시기가 비슷하다. 둘 다 단맛이 풍부해서 아이들 입맛에도 잘 맞는다. 아스파라거스나 완두콩 대신에 초당옥수수, 마늘종, 줄기콩으로도 대체할 수 있다. 다섯 가지 중에서 아무것이나 두 가지를 넣으면 된다.

1. 푸주는 끓인 물에 1시간 또는 미지근한 물에 2시간 정도 담가서 미리 불려 둔다. 매번 불리기 귀찮다면 넉넉하게 불려서 냉동 보관한 뒤 해동해서 사용하거나 냉장고에 넣어 두고 일주일 이내로 사용하면 된다.
2. 냄비에 완두콩과 굵은소금 1작은술을 넣고 완두콩이 충분히 잠길 정도로 물을 부어 풋내가 날아갈 때까지 삶는다.
3. 아스파라거스는 흐르는 물에 씻은 뒤 감자칼로 아랫부분을 5cm 정도 얇게 벗긴 뒤 1cm 길이로 자른다. 지름 1cm가 넘어가는 아스파라거스는 대부분 밑동의 껍질이 두꺼운 편이어서 한 겹 벗겨 내야 먹기 좋다.
4. 대파를 새끼손톱 절반 크기로 잘게 다지고, 푸주는 가로로 놓고 채를 썬다.
5. 생강을 잘게 다져서 프라이팬에 넣고 기름을 적당량 부은 뒤 불을 켠다.
6. 생강 향이 올라오면 다진 대파를 넣고 볶는다.
7. 대파가 노릇해지면 아스파라거스와 데친 완두콩, 채 썬 푸주를 넣고 아스파라거스가 선명한 초록색이 될 때까지 볶은 뒤 토판염으로 간을 한다.
8. 밥 위에 얹어서 먹는다.

03.

초당옥수수 머윗대 들깨 덮밥

ingredient.

머윗대(30cm) 9줄기, 굵은소금 1작은술, 초당옥수수 ½개, 조선간장 3큰술, 들기름 1큰술, 들깻가루 4큰술, 쌀가루 갠 것(쌀가루 1큰술, 물 4큰술)

봄과 여름 사이에 나는 머윗대는 손질이 조금 번거롭지만 쌉싸래하면서도 아삭아삭한 식감이 입맛을 돋워 준다. 표면의 섬유질이 질겨서 한 겹 벗겨야 하는데, 머위 손질법을 배워 두면 같은 방식으로 고구마 줄기나 온갖 나물을 다듬을 수 있어 유용하다. 이 레시피 그대로 고사리나물을 만들거나 가을에 고구마 줄기 나물을 해 먹어도 좋다.

제철이 겹치는 초당옥수수와 머윗대를 함께 활용한 레시피로, 초당옥수수를 빼고 머윗대만 조려서 나물로 즐길 수도 있고, 초당옥수수 대신 버섯이나 죽순 등 다른 재료를 넣어 변주할 수도 있다.

1. 머윗대 데칠 물을 넉넉하게 받아서 굵은소금을 넣고 끓인다.
2. 머윗대의 겉껍질을 벗긴다. 껍질 벗긴 머윗대를 데치기 전까지 물에 담가 두면 변색을 막을 수 있다.
3. 손질한 머윗대를 끓는 물에 데친 뒤 찬물에 담가 식힌다.
4. 초당옥수수는 알을 털어서 준비한다.
5. 1cm 길이로 썬 머윗대와 물 ⅔컵, 조선간장, 들기름, 들깻가루를 냄비에 함께 넣고 끓인다.
6. 끓기 시작하면 초당옥수수와 쌀가루 갠 것을 넣어 두 재료가 익을 때까지 조리한다. 둘 다 금방 익기 때문에 초당옥수수의 색이 선명한 노란색이 되면 불을 끈다.

04.

죽순 버섯 튀김 덮밥

ingredient.

- 죽순 버섯 튀김: 죽순 15cm, 새송이버섯 2개, 통밀가루 1컵, 물 1컵, 현미유 넉넉히
- 고명: 대파(흰 부분) ½개
- 양념: 간장 3큰술, 머스코바도 1.5큰술, 식초 1큰술, 물 2큰술

재료가 간단하면서도 한 그릇 요리로 즐기기 좋아 죽순 철이 되면 꼭 만들어 먹는다. 도시락 메뉴로도 좋다. 죽순 대신 템페나 가지, 애호박, 감자 등 다양한 채소로 응용할 수도 있다. 봄에는 죽순으로, 여름에는 열매채소로, 가을에는 무나 우엉, 연근 같은 뿌리채소로 만들어 보기를 추천한다.

1. 죽순과 새송이버섯을 0.5cm 두께로 자른다. 고명으로 올릴 대파는 얇게 쫑쫑 썬다.
2. 양념 재료를 한꺼번에 잘 섞어서 준비한다.
3. 통밀가루를 물에 개어 튀김옷을 준비한다.
4. 죽순과 새송이버섯에 튀김옷을 입히고 기름을 넉넉히 두른 프라이팬에 튀기듯이 굽는다. 튀김을 할 때보다는 적게, 전을 부칠 때보다는 넉넉히 넣은 기름을 달군 뒤 튀김옷이 노릇노릇해질 때까지 구우면 된다.
5. 밥 한 공기에 양념장 1큰술을 넣고 잘 섞은 뒤 그릇에 담고 그 위에 튀김을 올린다. 마지막으로 쫑쫑 썬 대파를 얹는다.
6. 남은 양념장에 튀김을 찍어서 밥과 함께 먹는다.

05.

풋고추 연두부 덮밥

ingredient.

- 연두부 덮밥: 밥 1공기, 연두부 1개, 진간장 2~3작은술, 참기름 1작은술
- 풋고추볶음: 생강(엄지손톱 크기) 1조각, 대파 20cm, 풋고추 8개, 조선간장 ½작은술, 현미유 조금

연두부 덮밥은 간장계란밥만큼 간단한 레시피다. 특히 어린아이가 있는 집이나 자취생들이 한 그릇 요리로 먹기 좋다. 연두부에 진간장, 참기름만 더해 밥과 함께 비벼서 마른 김에 싸 먹어도 좋지만 여기서는 볶은 풋고추를 곁들이는 방법을 소개한다.

풋고추볶음은 여름날의 별미로, 주먹밥 재료로도 좋고 구운 두부나 도토리묵에 얹어서 먹어도 맛있다. 만두소로 활용하면 감칠맛 가득한 만두를 맛볼 수 있다.

1. 연두부를 체에 밭쳐 간수를 뺀다.
2. 풋고추와 대파는 새끼손톱 ½ 크기로, 생강은 새끼손톱 ⅓ 크기로 다진다. 취향에 따라 더 크게 다지거나 더 잘게 다져도 상관없지만 생강만큼은 곱게 다져야 한다.
3. 프라이팬에 다진 생강을 넣고 그 위에 기름을 두른 뒤 불을 켠다.
4. 생강 향이 올라오면 대파를 넣고 볶는다. 생강 간 것을 사용할 경우 기름이 튀지 않도록 생강의 물기를 꼭 짜서 넣거나 생강 향을 기다리지 않고 바로 대파를 넣도록 한다.
5. 대파가 노릇해지면 다진 풋고추를 넣어 볶는다. 풋고추는 금세 익으므로 불맛만 살짝 입힌 뒤 조선간장으로 간을 하고 불을 끈다.
6. 밥에 연두부를 올리고 풋고추볶음 2큰술을 얹은 뒤 입맛에 따라 진간장과 참기름을 둘러서 비벼 먹는다.

06.

여름의 카레

ingredient.

양파 1½개, 생강(엄지손톱 크기) 1조각, 애호박 ⅔개, 토마토 2개, 감자 3개, 완두콩 3줌, 초당옥수수 ½개(옥수수자루와 수염 포함), 다시마 채수 2컵, 토판염 2작은술, 커리 파우더 3작은술, 조선간장 1큰술

채식을 시작한 후로 카레를 향한 사랑이 어쩐지 시들해졌지만 여름이면 카레가 당긴다. 카레에는 다양한 향신료뿐 아니라 양파와 토마토를 베이스로 여러 채소가 들어가는데, 대부분 성질이 찬 것들이다. 인도처럼 더운 나라의 주식인 만큼 여름에 먹기 좋은 음식이다.

여름의 카레에는 6월쯤이면 구할 수 있는 재료들이 들어간다. 달콤한 햇양파와 애호박을 베이스로 한 카레에 완두콩과 햇감자, 초당옥수수를 넣어서 별도의 감미료 없이도 단맛이 풍부하다. 애호박 대신 늙은 호박이나 단호박을 사용해도 좋다. 한 번에 다 먹기 힘든 늙은 호박은 적당한 크기로 잘라서 냉동고에 보관해 두고 사용하는 것을 추천한다.

다양한 향신료를 구비하기 어려운 가정에서는 첨가물 없이 향신료만으로 만든 커리 파우더를 쓰면 편하다(심플리 오가닉 커리 파우더를 사용했다). 고체 카레를 넣어도 좋고, 취향에 따라 큐민 가루나 마살라 가루를 추가해도 좋다.

1. 양파와 감자는 껍질을 벗겨 준비한다.
2. 초당옥수수는 알을 털어 내고, 남은 옥수수자루와 수염도 버리지 않는다. 카레를 끓일 때 옥수수자루를 함께 넣으면 단맛이 우러난다. 옥수수수염도 말려서 갈변한 부분만 잘라 낸 뒤 다져서 사용한다. 옥수수수염은 우리 몸에 불필요한 수분을 배출하는 데 도움을 준다.
3. 양파는 1cm 두께로 채를 썬 뒤 토판염 0.5작은술을 넣고 버무려 둔다.
4. 생강은 다지거나 얇게 채를 썰고, 애호박은 반을 갈라 반달 모양으로 얇게 썰어서 준비한다. 토마토와 감자는 8등분을 한다.
5. 냄비에 생강을 넣고 기름을 넉넉하게 두른 뒤 불을 켠다.
6. 생강 향이 올라오면 소금에 버무려 둔 양파를 넣어 익힌다. 불맛이 나도록 갈색이 될 때까지 익힌다. 자주 뒤적거리지 않고 두면 냄비 가장자리가 탄 것처럼 그을리는데, 그럴 때 한 번씩 뒤적여 준다. 양파에서 단내가 올라오면 애호박과 토마토를 넣고 잘 섞은 뒤 뚜껑을 닫는다. 이때 불의 세기를 약불로 맞춘다.
7. 애호박과 토마토에서 수분이 충분히 나오면 다시마 채수 1컵 반, 옥수수자루와 수염을 넣고 팔팔 끓인다.
8. 애호박과 토마토가 익으면 불을 끄고 옥수수자루를 건져 낸다. 냄비에 커리 파우더와 조선간장, 토판염 1.5작은술을 넣고 블렌더로 곱게 간다.
9. 다시마 채수 반 컵과 감자, 완두콩, 초당옥수수를 추가로 넣고 뚜껑을 비스듬히 닫아 익힌다. 완두콩 풋내가 날아가고 감자가 익으면 불을 끈다.
10. 밥이나 면(칼국수 또는 우동) 위에 얹어 먹는다. 빵이나 토르티야를 찍어서 먹어도 좋다.

07.

애호박 가지 된장 덮밥

ingredient.
가지 1개, 애호박 ½개, 된장 1큰술, 진간장 1큰술, 조청 1큰술, 양파 ¼개

가지와 애호박은 여름철에 가장 맛있다. 따로 간을 하지 않아도 자연의 단맛을 넉넉히 즐길 수 있다. 애호박 가지 된장 덮밥은 불 앞에 오래 서 있지 않아도 되는 메뉴다. 가지와 애호박 대신 무나 템페를 비슷한 두께로 썰어서 구운 뒤 사용해도 좋고, 양파를 도톰하게 썰어서 오븐에 굽거나 볶아서 사용해도 괜찮다. 된장 소스에 잘게 썰어 넣는 양파를 풋고추로 대신해도 되고, 매운 걸 좋아한다면 청양고추를 쫑쫑 썰어 넣어도 좋다. 본 레시피에서는 기름을 사용하지 않으나 먹기 전에 참기름을 한두 방울 떨어트리면 풍미를 높일 수 있다.

1. 꼭지를 제거한 가지와 애호박을 가로로 두고 0.7cm 정도의 두께로 썬다.
2. 250도로 예열한 오븐에 넣고 굽는다. 푹 익은 채소보다 식감이 살아 있는 편을 선호한다면 5분, 잘 익은 채소가 좋다면 10분 정도 굽는다. 만약 오븐이 없다면 달군 프라이팬에 올려 앞뒤가 노릇해지도록 구우면 된다.
3. 가지와 애호박을 굽는 동안 절구에 된장, 진간장, 조청을 넣고 잘 개어 준다. 된장에서 콩이 덩어리진 부분을 씹게 되면 무척 짜기 때문에 콩을 빻으면서 소스의 간이 골고루 되도록 하는 것이다. 또한 소화에도 도움을 준다.
4. 양파를 새끼손톱 절반 크기로 잘게 다진 뒤 소스에 넣어 버무린다.
5. 잘 익은 가지와 애호박을 밥 위에 소복이 얹고, 된장 소스를 올려서 비벼 먹는다.

08.

두부 크럼블 가지 덮밥

ingredient.
가지 2개, 두부 ½모, 초당옥수수 ½개, 양파 1개, 대파 1개, 마늘 2알, 진간장 3큰술, 현미유 넉넉히

두부 크럼블은 채식 생활자가 계란이나 다진 고기를 대신해서 요리에 자주 사용하는 재료다. 밥에 두부 크럼블을 올리고 진간장, 참기름을 넣어 비비면 간장계란밥처럼 즐길 수 있고, 부추와 방울토마토와 함께 볶으면 토마토계란볶음과 비슷한 요리가 된다. 앞서 소개한 템페 소보로 덮밥에 템페 대신 두부 크럼블을 올려도 좋다. 이처럼 밥은 물론이고 빵에 곁들여도 잘 어울린다.

두부 크럼블 가지 덮밥은 여름날의 달큼한 가지를 비교적 호불호 없이 즐길 수 있는 요리다. 가지 대신 피망이나 김치, 애호박 등을 넣어도 든든한 한 그릇 요리가 된다. 그 외의 채소를 넣어 응용해 보아도 좋다. 본 레시피에서 가지와 초당옥수수를 빼면 만두소로 활용할 수도 있다.

1. 두부를 체에 밭쳐 30분 이상 간수를 뺀다. 얼려 둔 두부를 해동해서 사용해도 좋다.
2. 마늘을 잘게 다지고 대파와 양파는 새끼손톱 크기로 깍둑썰기 한다.
3. 초당옥수수의 알을 털어 준비한다. 옥수수수염도 갈변하지 않은 부분을 다져서 요리에 사용한다.
4. 가지는 세로로 반을 가른 뒤 3cm 두께로 도톰하게 썬다.
5. 기름을 두른 프라이팬에 두부를 손으로 으깨어 넣은 뒤 볶는다. 두부가 노릇해지면 진간장 1큰술을 넣고 간이 고루 배도록 잘 섞는다. 얼린 두부가 볶는 데 시간이 가장 적게 걸리고, 간수를 많이 뺄수록 볶는 데 시간이 덜 걸린다. 간수를 미처 빼지 못했다면 더 오래 볶으면 된다. 부드러운 두부 크럼블이 좋다면 전체적으로 노릇해지기 전에 불을 끈다.
6. 두부 크럼블을 그릇에 옮겨 담고, 사용하던 프라이팬에 다진 마늘을 넣어 현미유를 충분히 두른 뒤 불에 올린다.
7. 마늘 향이 올라오면 대파와 양파를 넣고, 양파의 매운 냄새가 날아가고 달큼한 냄새가 올라올 때까지 볶는다.
8. 대파와 양파를 다 볶은 뒤 초당옥수수, 두부 크럼블, 가지를 넣고 가지가 반쯤 익을 때까지 볶는다. 가지는 익으면서 수분이 나와 색이 변하며, 푹 익히기보다는 반쯤 익히는 편이 식감이 살아 있어 좋다. 다만 덜 익을 경우 가지에 간이 배지 않기 때문에 반 정도 익히고서 진간장 2큰술을 넣어 간을 한다.
9. 밥 위에 얹어서 먹는다.

마파두부 덮밥

ingredient.

마늘 2알, 양파 ½개, 대파(흰 부분 위주) 20cm, 건표고버섯 2개, 두부 1모, 고춧가루 0.5큰술, 진간장 1큰술, 머스코바도 0.5큰술, 다시마 채수 1컵, 된장 0.5큰술, 고추장 0.5큰술, 감자전분 1큰술, 현미유 적당량

뭘 먹을까, 메뉴 고민이 될 때 마파두부 덮밥을 추천한다. 특별한 재료 없이 두부, 양파, 마늘, 대파, 건표고버섯 정도만 있으면 만들 수 있는 한 그릇 요리다. 마늘종이 나는 계절에는 마늘 대신 마늘종을 넣기도 하고, 초당옥수수가 나는 계절에는 초당옥수수를 넣어 만들기도 한다. 두부를 한 차례 구워서 조리하면 보통 식당에서 파는 마파두부의 보들보들한 식감과 다르게 쫄깃해진다.

1. 건표고버섯을 미지근한 물에 불리고 두부는 간수를 뺀다.
2. 마늘은 잘게 다지고 대파는 새끼손톱 크기로 다진다. 양파는 새끼손톱 크기로 깍둑썰기 한다.
3. 두부는 엄지손톱 크기로 깍둑썰기 하고, 불린 표고버섯은 물기를 꼭 짠 뒤 새끼손톱 크기로 깍둑썰기 한다.
4. 프라이팬에 현미유를 넉넉히 두르고 두부를 굽는다. 부드러운 두부가 좋다면 이 과정은 생략한다. 한 면이 노릇해지면 뒤집어서 다른 면을 노릇하게 구워 준다. 여섯 면을 전부 굽지는 않아도 되므로 뒤적이며 반 정도 노릇해지면 불에서 잠시 내려 둔다. 이렇게 두부를 구워서 조리하면 쉽게 부서지지 않고 양념이 잘 밴다.
5. 두부를 구운 프라이팬에 다진 마늘을 추가하고 기름을 조금 더한 뒤 불을 켠다.
6. 마늘 향이 오르면 대파, 양파, 표고버섯을 순서대로 넣고 볶는다.
7. 양파가 익으면 고춧가루와 진간장을 넣고 골고루 섞은 뒤 다시마 채수를 붓는다.
8. 머스코바도, 된장, 고추장을 넣고 끓인다.
9. 종지에 물 2큰술, 감자전분 1큰술을 넣고 잘 개어 전분물을 만든다.
10. 한소끔 끓으면 전분물을 추가하고 전분이 익을 정도만 더 끓인다. 전분물은 한꺼번에 넣으면 너무 되직해질 수 있으므로 조금씩 넣어 가며 농도를 맞춰야 한다.

반찬
—
Side Dish

감각의 외주화

"어? 이거 향이 너무 센데. 맛도 약간 이상한 것 같다."
"그런가? 먹을 만한데?"
"'천상의 맛'이라고 해서 엄청나게 기대했는데, 천상의 맛 같지는 않은데?"
"코르크 색이 약간 거뭇거뭇한 게 이상한 것 같기도 하다."
"원래 이런 맛인가? 분명 향긋하고 맛있다고 그랬는데……"
"우리가 맛을 잘 못 느끼는 건가?"

연인은 요즘 와인에 한창 빠져 있다. 와인 관련 책을 읽고, 유튜브를 보고, 와인 애호가인 직장 동료에게 추천받은 와인을 하나씩 사 먹는 재미에 폭 빠졌다. 그렇다고 해도 술에 몇만 원씩을 선뜻 쓰기는 어려워서 1만 원대 와인으로 시작해 2~3만 원 정도 하는 와인을 사 먹는 정도였는데, 이번에는 큰맘 먹고 20만 원가량의 와인 한 병을 덜컥 샀다. 저렴한 화이트 와인 중에서 가장 맛있다고 추천받은 와인으로(20만 원이 왜 저가에 속하는지는 모르겠으나), 테이스팅 노트에 따르면 코르크를 개봉하자마자 잘 익은 살구 향과 시트러스 계열의 향, 갓 구운 빵의 버터리한 향이 그윽하게 풍기며 품질 좋은 벌꿀처럼 단맛이 있고 산미가 적당해 호불호 없이 맛있게 느낀다고 했다. 그런데 웬걸, 개봉 직후의 강하게 코를 자극하는 향이 그리 기분 좋게 느껴지지 않았다. 맛을 보니 그럭저럭 먹을 만했지만 기대한 만큼은 아니어서 연인의 표정에 실망한 기색이 역력했다. 그 자리에 모인 네 사람 모두 와인을 잘 알지는 못했던 터라 와인이 우리 입에 맞지 않는 것인지, 와인 자체가 변질된 건지 잘 모르겠다며 고개를 갸우뚱했다.

와인 병 입구에 씌워진 포일을 벗길 때 끈적끈적하게 뭔가 묻어 나온 것도, 코르크의 단면이 거뭇거뭇한 것도 아무래도 이상해서 검색해 보니 와인을 보관하거나 유통할 때 온도가 너무 높아서 와인이 끓어 넘치며 생기는 현상이라고 했다. 생각해 보니 과발효가 된 것처럼 신맛이 강하고 향도 자극적이었다. 혹시나 하고 구입한 곳에 문의해 보니 잘못된 제품이 맞다며 흔쾌히 새 제품을 주겠다고 해서 몇 주가 지나 제대로 된 맛을 볼 수 있었다. 과연 향이 풍부하고 다채로우면서 입안을 섬세하게 자극하는 단맛과 신맛이 일품이었다.

변질된 와인을 처음 맛보았을 때 그 자리에 있던 모두가 별로라고 느꼈지만 자신의 미각을 온전히 믿지는 못했다. 자신이 느낀 맛에 대해 계속 의문을 가지며 다른 매체와 전문가의 의견을 구하고 나서야 우리의 미각과 후각을 인정할 수 있었다. 무려 네 사람이 이상하다고 느꼈으면서도 자신의 판단을 믿지 못했던 것이다.

와인 맛을 볼 때만 그런 것은 아니다. 사람들은 화가 날 때에도 정말 화낼 일이 맞는지 의심한다. 주변 사람들에게 물어보면서 자신의 감정에 대해 거듭 동의를 구하고 심지어 자신의 생각에 대해서도 타인에게 옳은지 그른지를 묻는다. 마치 모두가 하나의 맛과 감정을 느껴야 한다고 여기는 것 같다. 모든 것에 정답이 있고, 반드시 그에 맞춰야 한다고 생각하다 보니 정작 내 몸이 무얼 원하는지, 내 몸이 어떻게 받아들이는지에 대해서는 무감각해진다. 어쩌면 정보 과다의 시대를 살아가는 사람의 숙명일지 모르겠다. 점점 더 정보에 의존하고 자신보다 타인의 판단을 믿으며 모든 감각을 외주화하는 것이다. 그러나 다른 건 몰라도 나에 관해서 전문가가 될 수 있는 사람은 나 자신밖에 없다. 내가 앓고 있는 질병에 대해 의사가 진단을 내려줄 수는 있겠지만 어디가 어떻게 아픈지 증상을 이야기하지 않으면 의사는 아무것도 알지 못한다.

감각을 잃는 것은 곧 자신을 잃는 것이다. 자신이 보고 듣고 느끼는 것을 믿지 못하고 타인의 감각으로 세상을 대하는 것이다.

잃어버린 감각을 자연스럽게 회복할 수 있는 방법은 직접 요리해서 먹는 것이다. 정적으로 보이지만 사실 요리는 온몸의 감각을 사용하는 적극적인 활동이다. 불에 올린 재료의 냄새 변화를 감지하고, 다음 재료를 넣을 시점을 계산하고, 재료를 직접 만지면서 상태를 체크하고, 어느 정도로 익힐지를 정한다. 냄비 위로 손을 가져가 달궈진 온도를 느끼고, 기름과 닿은 재료에서 나는 소리를 듣고 불의 세기를 조절한다. 동시에 여러 요리를 할 때는 각 요리의 재료 준비와 가열 순서를 머릿속으로 시뮬레이션하고, 그때그때 상황에 맞춰 융통성 있게 움직여야 한다. 물론 능숙하게 재료를 다루고 요리하기까지 많은 시간이 필요하지만, 그 과정에서 나도 모르는 사이 잃어버렸던 감각을 회복하게 된다.

요리하는 데 시간 쓰기를 아까워하는 사람이 많아지면서 주변에 요리하는 사람을 찾아보기가 힘들다. 직접 요리를 해서 먹을 시간에 다른 일을 하고, 배달 음식을 시켜 먹거나 밖에서 사 먹는다. 이는 단순히 식생활의 변화만을 의미하는 것이 아닐지 모른다. 식사의 외주화는 요리할 때 사용하는 다양한 감각의 상실로 이어진다. 우리의 감각은 여러 이유로 퇴화된다. 그러나 다행인 것은 잃어버린 감각을 언제든 회복할 수 있다는 것이다. 채썰기를 반복하면 칼질이 느는 것처럼.

요리가 익숙해지면 중요한 사실을 알아차리게 된다. 레시피는 그리 중요하지 않다는 것. 그날의 컨디션에 따라, 재료의 상태에 따라, 날씨에 따라 매번 다르기 때문이다. 집에 있는 오이의 수분 함량에 따라 필요한 소금의 양과 절이는 시간이 달라지고, 시금치가 얼마나 단단한지에 따라 삶는 시간이 달라진다. 아침에 일어나자마자 맨입으로 간을 볼 때와 땀을 흠뻑 흘리고 나서 간을 볼 때의 입맛 또한 다르다. 더운 날과 추운 날에 당기는 음식도 다르고 말이다. 그러니 요리를 하다 보면 저절로 내 몸의 감각에 귀를 기울이게 된다. 타인의 생각, 시선, 말보다 자신의 감각에 집중할 수 있게 되고, 매사에 하나의 답이 존재할 순 없다는 사실을 깨닫게 된다. 답은 늘 변하며 사람과 상황에 따라서도 달라진다.

채식을 하며 가장 많이 받은 질문의 답도 이와 같다. 사람들은 '채식을 하면 무엇이 달라지는지' 묻지만 내게는 이 질문이 '요리를 하면 무엇이 달라지는지'와 같다. 채식을 하면서 본격적으로 요리를 시작했기 때문이다. 채식 이후로 환절기마다 달고 살던 감기가 떨어졌다거나 몸이 가벼워지기도 했지만 그보다는 간접적인 변화가 내게는 더 크게 와 닿았다. 그래서 항상 이렇게 답한다. "세상을 바라보는 시선과 삶을 살아가는 태도가 가장 많이 달라졌어요." 아마도 나의 몸을 감각하게 되면서 잃어버린 줄도 몰랐던 목소리와 내 삶의 방향성을 찾게 된 것은 아닐까.

지금 어디로 가야 할지 모르겠다면, 자신이 원하는 바를 찾아 방황하고 있다면, 부엌에 들어가 볼 것을 권한다.

01.

흰민들레 겉절이

ingredient.

흰민들레 3줌, 양파 ¼개, 사과 ½개, 매실액 4큰술, 조선간장 3큰술, 참기름 1큰술, 고춧가루 1큰술

맛있는 푸성귀가 많이 나는 계절에는 겉절이를 즐겨 먹는다. 봄에는 참나물, 미나리 같은 향채로 만들고 여름에는 상추나 치커리, 쑥갓 같은 쌈채소로 즐긴다. 도토리묵을 썰어 넣고 무쳐도 맛있다. 흰민들레는 쌉싸래한 맛이 특징인 토종 채소로, 달콤한 햇양파와 사과를 곁들이면 잘 어울린다. 취향에 따라 식초 1큰술을 넣어 새콤하게 먹거나 마늘 1알을 갈아 넣어도 좋다.

겉절이는 채소가 금세 흐물흐물해지기 때문에 보관해 두고 먹기보다는 그때그때 먹을 만큼만 만들도록 한다. 채소 손질과 양념만 미리 준비해 두면 식전에 버무리기만 하면 되어서 편하다.

1. 흰민들레는 흐르는 물에 씻어서 물기를 털어 둔다. 사과는 무농약, 유기농이 아닌 경우 베이킹소다를 묻혀서 문질러 가며 씻는다.
2. 흰민들레를 한입 크기(약 5cm)로 썰고, 양파와 사과는 최대한 얇게 채 썬다.
3. 그릇에 흰민들레, 양파, 사과를 담고 매실액, 조선간장, 참기름, 고춧가루를 넣어 잘 버무린다.

02.

셀러리 두부 무침

ingredient.

셀러리 60cm, 당근 2cm, 두부 1모, 조선간장 1큰술, 토판염 0.5작은술, 들기름 1큰술, 간후추 조금, 현미유 조금

톳이나 브로콜리, 쑥갓, 미나리 등 다양한 재료에 두부를 버무려 두부 무침을 만들 수 있다. 어떤 요리에 써야 할지 잘 모르겠는 셀러리도 두부 무침 재료로 좋다. 밥반찬으로도 잘 어울리지만 크래커 위에 얹어 와인에 곁들이면 안주로도 훌륭하다. 간수를 뺀 두부가 치즈 같기도 하다.

셀러리 두부 무침은 들기름과 후추의 조합이 잘 어울리는데, 기름에 따라 맛의 뉘앙스가 달라지므로 참기름이나 참깨 간 것, 들깻가루 등 다양한 조합으로 만들어 보기를 추천한다. 간을 할 때도 토판염 대신 진간장이나 조선간장, 된장, 죽염을 사용해도 괜찮다. 죽염을 넣으면 특유의 냄새 때문에 두부가 삶은 계란처럼 느껴지기도 하고, 조선간장을 넣으면 시간이 지날수록 두부와 조선간장이 시너지를 내며 풍미가 좋아진다.

두부에서 간수가 빠져나오며 싱거워질 수 있으므로 간은 살짝 짭짤하게 하는 것이 좋다. 색감을 위해 넣은 당근은 생략해도 괜찮다. 두부 무침은 오래 보관할 수 있는 음식은 아니므로 일주일 내에 섭취하도록 하자.

1. 요리하기 30분에서 1시간 전에 두부를 꺼내 간수를 충분히 뺀다. 미리 간수를 빼지 못했다면 면포에 두부를 감싸고 물기를 한번 제거한 뒤 사용한다.
2. 셀러리의 잎은 따로 모아서 냉장고에 보관하고 줄기만 0.2cm 두께로 어슷 썬다.
3. 당근은 껍질을 벗기지 않고 깨끗이 닦아 사용한다. 역시 0.2cm 두께로 채를 썬 뒤 토판염을 소량 넣어서 버무려 둔다.
4. 프라이팬에 기름을 조금 두르고 당근, 셀러리 순서로 볶는다. 당근이 쨍한 주황색으로 변하면 셀러리를 넣어서 셀러리 향이 살짝 날아갈 때까지 볶는다. 셀러리 향이 날아가면 조선간장을 넣고 골고루 간이 배도록 잘 섞은 뒤 불을 끈다.
5. 볶은 셀러리와 당근이 충분히 식으면 간수 뺀 두부와 토판염 0.5작은술, 들기름, 간후추를 넣고 조물조물 무친다.

03.

유부 고추잡채

ingredient.
오이고추 5개, 빨간 파프리카 2개, 유부 10장, 머스코바도 1큰술, 조선간장 2큰술, 현미유 조금, 참기름 1큰술

유부 고추잡채는 꽃빵이나 식빵에 얹거나 토르티야에 싸서 먹어도 좋고 밥반찬으로도 잘 어울린다. 유부 대신 죽순이나 푸주를 사용할 수 있고, 없다면 생략하고 고추만 볶아도 맛있다. 가을에는 우엉을 채 썰어서 우엉 고추잡채를 만들어 먹기도 한다. 고추잡채라고 해서 꼭 고추만 사용하라는 법은 없다. 초록색 고추 대신 청피망, 빨간 파프리카 대신 홍피망이나 홍고추를 넣어도 되고, 매운 음식을 잘 먹는다면 오이고추 대신 풋고추나 청양고추를 사용해도 좋다.

머스코바도 1큰술과 조선간장 2큰술로 만든 양념은 굴소스처럼 사용할 수 있다. 이 양념으로 굴소스를 대체해 다양한 볶음 요리를 해 볼 것. 무엇을 볶아도 맛있어지는 마법을 경험하게 될 것이다.

1. 프라이팬에 **전처리**를 한 유부를 넣고 기름 없이 약불에서 양면이 노릇해지도록 굽는다. 데친 유부를 프라이팬에 구우면 식감이 쫄깃해지는데, 귀찮다면 이 과정은 생략해도 괜찮다.
2. 유부를 0.5cm 너비로 채 썬다.
3. 오이고추와 파프리카는 꼭지를 떼고 0.2cm 두께로 채 썬다. 이때 씨를 제거하지 않아도 괜찮다. 씨는 비타민 함유량이 높고 소화하는 데에도 지장이 없다.
4. 달군 프라이팬에 기름을 적당량 두른 뒤 채 썬 고추와 파프리카를 넣고 잘 섞는다.
5. 고추와 파프리카에 기름이 고루 묻었다면 유부를 추가해서 잘 섞는다.
6. 고추, 파프리카, 유부에 기름이 고루 뱄다면 머스코바도와 조선간장을 넣고 모든 재료에 간이 잘 되도록 뒤적인 뒤 불에서 내린다.
7. 접시에 고추잡채를 옮겨 담고, 먹기 직전에 참기름을 둘러 준다.

재인's tip … 유부 전처리

기름에 **튀겨**서 유통되는 유부는 겉에 산패한 기름이 잔뜩 묻어 있다. 그냥 사용해도 맛에는 지장이 없지만, 산패된 기름을 먹는 건 건강에 그다지 좋지 않기 때문에 끓는 물에 한 번 데쳐서 사용한다. 팔팔 끓는 물에 유부를 데친 뒤 충분히 식히고 물기를 꼭 짠다. 면포로 남은 물기를 제거하고 사용하면 된다. 한꺼번에 많은 양을 전처리 해 두고 냉동고에 보관하면 그때그때 꺼내서 사용하기 좋다.

04.

풋고추 된장 볶음

ingredient.

풋고추(L) 5개, 잣 2큰술, 진간장 1큰술, 된장 1큰술

풋고추 된장 볶음은 단독으로도 좋은 반찬이 되지만 구운 두부나 도토리묵 위에 얹을 고명으로도 훌륭하다. 이 레시피의 핵심은 잣 된장 소스다. 볶은 풋고추에 버무리는 것뿐 아니라 데친 나물과 무쳐서 나물 양념으로도 사용할 수 있다. 절인 오이의 물기를 제거한 뒤 버무려 먹어도 맛있다. 잣 대신 호두나 땅콩, 아몬드로 대체할 수 있고 견과류에 따라 풍미가 달라진다. 된장을 빼고 진간장만 넣어서 조금 더 산뜻하게 즐길 수도 있다.

1. 풋고추는 꼭지를 제거하고 채 썬다. 너무 얇지 않다면 두께는 크게 상관없다.
2. 기름을 두르지 않은 프라이팬에 잣을 넣고 노릇하게 굽는다. 잣이 머금고 있는 지방분을 내뿜으며 더욱 고소해진다. 센 불에서는 쉽게 타버리므로 약불에서 잘 볶는다.
3. 구운 잣을 절구에서 빻은 뒤 진간장과 된장을 넣고 잘 섞는다.
4. 풋고추도 기름을 두르지 않은 프라이팬에서 강불에 살짝 볶는다.
5. 고추에 살짝 물기가 돌면 불에서 내린 뒤 잣 된장 소스를 넣고 버무린다.

05.

강된장

ingredient.

애호박 ⅓개, 당근 ⅓개, 양파 ¼개, 건표고버섯 2개, 두부 ½모, 된장 1큰술, 조선간장 1큰술, 머스코바도 2큰술, 참기름 1큰술

강된장 한 뚝배기 끓여 두면 다른 반찬은 필요가 없다. 밥에 비벼 먹고, 푹 떠서 쌈 싸 먹고, 질리면 물을 넉넉히 부어서 간을 한 뒤 국으로 끓여 먹는다. 보통은 기름에 채소를 볶아서 강된장을 만드는데, 이 레시피는 기름에 볶는 과정이 없어서 좀 더 오랫동안 보관할 수 있고(냉장 보관 2주 가능) 소화가 잘된다는 장점이 있다.

채소는 집에 있는 것을 쓴다. 본 레시피에 없는 채소를 추가하거나 몇 가지 생략해도 크게 상관없다. 취향에 따라 파나 마늘, 풋고추나 청양고추, 고춧가루 등을 첨가해도 풍미가 더욱 좋아진다. 양념은 한 뚝배기(손바닥보다 조금 큰 사이즈) 기준인데, 사람마다 입맛이 다르고 사용하는 뚝배기의 크기도 다를 것이므로 간이 부족하다면 소금이 아닌 된장이나 간장을 조금씩 더 추가해서 맞춘다.

1. 채소와 버섯을 새끼손톱 ¼ 크기로 다진 뒤 뚝배기에 담는다. 조금 더 커도 상관없지만 밥에 비빌 때 채소가 겉돌지 않도록 새끼손톱 크기보다는 크지 않도록 한다.
2. 다진 재료에 참기름을 제외한 양념을 모두 넣고 잘 버무린다.
3. 뚝배기를 약불에 올린다. 약불에 은근하게 끓여야 채소의 단맛이 충분히 우러난다. 채소에서 수분이 나오긴 하지만 중불로 두면 탈 수 있으므로 시간이 걸리더라도 약불에 끓인다.
4. 간수 뺀 두부를 으깬다. 칼 옆면을 이용해서 두부를 누르면 잘 으깨진다.
5. 뚝배기에서 김이 나기 시작하면 으깬 두부와 참기름을 넣고 잘 섞은 뒤 한소끔 끓인다. 강된장 완성.
6. 물기 없이 퍽퍽한 강된장이 좋다면 뚜껑을 연 채로 조금 더 끓여서 수분을 날린다. 참기름을 넣는 순서도 기호에 따라 다른데, 참기름을 넣고 가열하면 향은 날아가지만 살짝 버터리한 풍미가 생긴다. 참기름 향을 진하게 느끼고 싶다면 불을 끈 뒤 맨 나중에 넣는다.

06.

땅콩 다시마조림

ingredient.

땅콩 1컵(150g), 물 1컵, 다시마(손바닥 크기, 채수 내고 남은 다시마 사용 가능) 2장, 진간장 3큰술, 조청 3큰술

생땅콩인지 볶은 땅콩인지에 따라 땅콩조림 맛에 차이가 생긴다. 생땅콩으로 만들면 아삭하게 씹는 맛이 있고 볶은 땅콩으로 만들면 조금 더 고소하다. 기호에 따라 선택하자. 다만 볶은 것이든 생땅콩이든 껍질을 벗기지 않고 그대로 사용한다. 레시피대로 만들되 입맛에 맞게 조청의 양을 가감해서 당도를 조절해도 좋다. 땅콩조림을 만들 때 주의할 점은 땅콩을 너무 저으면 안 된다는 것이다. 저을수록 조청이 굳어서 딱딱해지기 때문에 물이 어느 정도 졸아들었을 때 양념이 골고루 배도록 한두 번만 저어 준다.

1. 다시마를 0.2cm 두께로 채 썬다.
2. 모든 재료를 냄비에 넣고 강불에서 한소끔 끓인다.
3. 끓기 시작하면 중불로 낮춘다.
4. 물이 어느 정도 졸아들면 한 차례 저은 뒤 약불로 낮춘다.
5. 기호에 따라 수분이 완전히 없어질 때까지 조리거나 수분이 조금 남아 있을 때 불을 끈다.

07.

콩나물 두부조림

ingredient.
두부 1모, 양파 1개, 콩나물 1봉지(300g), 조선간장 3큰술, 매실액 2큰술, 참기름 1큰술, 고춧가루 1큰술, 물 1컵, 현미유 조금

가족들이 좋아해서 자주 만드는 반찬으로, 마치 짜장을 볶는 듯한 감칠맛 가득한 향이 퍼져 입맛을 돋운다. 양파와 콩나물 외에 다양한 채소를 넣어도 좋다. 양송이버섯이나 느타리버섯, 새송이버섯, 팽이버섯 등 어떤 버섯을 넣어도 잘 어울리고, 대파나 다진 마늘을 추가해도 맛있다. 애매하게 남은 채소가 있다면 하나씩 넣어 가며 새로운 맛을 발견하는 재미를 느껴 보자.

1. 간수 뺀 두부를 먹기 좋은 크기로 자른다. 보통 12등분을 한다. 두부를 반으로 가른 뒤 6등분을 하면 된다.
2. 양파는 결을 따라 1cm 두께로 채 썰고, 콩나물은 물을 두어 번 바꿔가며 헹군다.
3. 프라이팬에 두부를 올려 양면이 노릇해지도록 굽는다.
4. 다 구운 두부에 모든 재료를 넣고 중강불로 끓인다.
5. 채소를 위아래로 한 번씩 뒤집어 준다.
6. 물이 어느 정도 졸아들면 약불로 낮추어 수분을 충분히 날린다.

08.

청국장 김치 범벅

ingredient.

청국장 1팩(150g), 김치 1줌, 매실액 3큰술, 진간장 1큰술, 참기름 1큰술, 간 참깨 1큰술

청국장은 좋아하지만 집에서 나는 청국장 냄새가 부담스럽다면 찌개 대신 반찬으로 만들어 보자. 청국장 대신 낫토를 사용해도 괜찮다. 청국장 김치 범벅은 밥에 비벼 마른 김에 싸 먹으면 더욱 맛있다. 남은 건 냉장고에 넣어서 보관하고 일주일 내로 먹어야 한다. 된장과 두부, 채소를 추가해서 찌개로 끓여 먹어도 좋다.

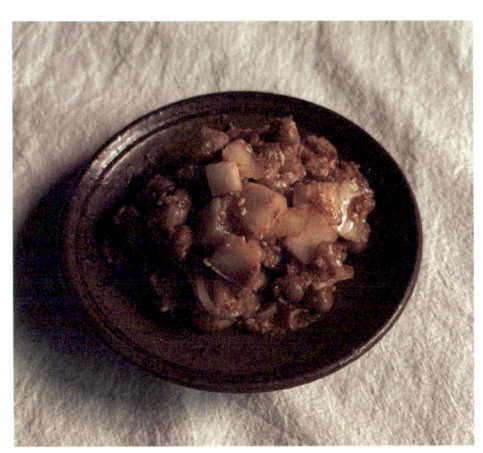

1. 청국장을 냉동 보관해 두었다면 미리 꺼내 해동한다.
2. 김치 한 주먹을 새끼손톱 크기로 다진다.
3. 다진 김치에 모든 재료를 넣고 잘 섞는다.

국

Soup

사랑의 이해

청국장을 보면 내 생각이 난다는 친구가 있다. 우리는 만나면 늘 "점심 뭐 먹을까?" "아침 뭐 먹고 왔어?" "저녁 뭐 먹을 거야?" 하고 안부인사를 끼니처럼 챙겼다. 그와 함께 일하던 시절, 매서운 겨울에 따끈하고 구수한 청국장을 즐겨 먹었다. 별것 넣지 않아도 맛있고 퇴근 후 요리할 기운이 없을 때도 간단하게 만들 수 있는 데다 먹고 나면 보양이 됐기 때문이다. 눈이 세차게 내리던 날 그 친구가 수줍게 내민 쪽지에 "언니, 오늘도 청국장 먹을 거야?"라고 적혀 있어서 퇴근길 내내 웃었던 기억이 난다.

그에게서 "가치관이 달라지면 친구 안 할 거야?"라는 카톡이 왔다. 요즘 연인 다음으로 의사소통을 많이 하는 친구인데, 종종 이렇게 앞뒤 맥락이 없는 질문을 건네 올 때가 있다. 뜬금없긴 해도 누군가 내게 이런 질문을 해 주는 게 좋다. 의문이 생기거나 궁금한 게 있을 때 사소하게 여기고 넘겨 버리지 않는 것, 타인의 생각을 멋대로 지레짐작하지 않고 물어보는 것, 말하지 않아도 알아주기를 기대하지 않고 자신이 원하는 바를 명확히 이야기하는 것. 이 세 가지는 내가 인간관계에서 가장 중요하게 생각하는 기본이며, 상대방을 향한 존중이기도 하다.

그러나 때로는 질문하는 것도, 먼저 이야기하는 것도 귀찮게 느껴진다. 얼마 전부터 얼굴에 아토피가 심하게 올라오기 시작했다. 간혹 팔다리가 접히는 부위나 목 부근에 올라오기는 했어도 얼굴까지 아토피가 올라오는 것은 몇 년 만이라 고난의 나날을 보내고 있다. 평생을 겪어 왔지만 전혀 익숙해지지 않고 매번 새롭게 고통스럽다. 가려움증으로 밤마다 잠을 설치고 아침에 컨디션이 엉망인 채로 하루를 시작하면 종일 우울하고 예민한 상태가 지속된다. 사람을 만나기도 어렵고 일을 하기도 힘든 상태가 되어 아무것도 하기 싫어지는데, 그렇게 지내다 보면 곁에 누가 있어도 말 한마디 하지 않고 하루를 보내는 날도 있다.

무기력에 젖은 내 곁에는 연인이 있었다. 연인도 나도 함께 아토피를 겪는 것은 처음이다. 나는 일상생활을 하는 것만으로도 피곤해서, 말하지 않아도 그가 내 마음과 상태를 알아주기를 바랐다. 그러던 어느 날 문득 이런 생각이 들었다. 내가 평소와 다른 상태라는 것은 옆에서 보고 있으니 알겠지만, 아토피를 겪어 본 적도 없는 사람이 어떻게 아토피에 대해서 알 수 있을까? 아토피를 겪은 사람이라고 하더라도 사람마다 느끼고 반응하는 것이 다를 테고, 이 질병을 받아들이는 자세 또한 다를 텐데. 나는 나 혼자 아토피를 겪는다고 생각했지만 내 곁에 있는 사람도 나를 기다려 주고 지켜보고 나의 상태를 살피며 이 질병을 함께 겪어 나가고 있었다. 아무 말도 하지 않은 채 그가 알아주길 바란다는 건 그에게는 어떤 수수께끼보다 어렵고 난해한 일일 거란 생각이 들었다. 그래서 내 몸이 어떻게 느끼는지, 그로 인해 나의 마음은 어떠한지, 이 질병을 어떻게 이해하고 있는지, 곁에 있는 사람에게 무얼 원하는지에 대해서 말하기 시작했다.

〈사랑의 이해〉라는 드라마에 이런 장면이 나온다. 상수와 사귀는 미경에게 수영이 상수의 어디가 좋으냐고 묻는다. 미경은 이렇게 대답한다.

"밥 먹으러 가잖아? 자연스럽게 숟가락을 챙겨 줘. 물잔이 비면 내가 모르는 사이에 채워 줘. 내가 먹는 반찬을 유심히 보는데 거기에 손을 안 대거든. 나 많이 먹으라고."

나는 생각했다. 상수와 미경이 같은 반찬을 좋아하면 어떻게 될까. 상수는 미경을 위해서 좋아하는 반찬을 먹지 않겠지. 그러면 미경은 상수가 그 반찬을 좋아하는지 싫어하는지 어떻게 알 수 있을까. 애초에 상수가 반찬을 먹지 않은 게 미경 때문인 건 맞을까? 상수에게 직접 물어보지 않는 이상 알 수 없다. 일상생활 속에서도 가끔 이런 경우가 있다. 함께 밥을 먹는 사람이 식사가 끝나도록 어떤 반찬에 손을 대지 않기에 그 반찬을 싫어하나 보다 생각했는데 알고 보니 내게 양보한 것이었던 경우. 반대로 어떤 반찬을 남기지 않고 깨끗이 비우기에 그 반찬을 좋아하는 줄 알았는데 실은 그저 남기지 않기 위해 먹은 것이었던 경우. 말하지 않은 배려 속에서 오해는 커지기도 한다. 이런 노래도 있지 않은가.

"어머님은 짜장면이 싫다고 하셨어."

노래 속 어머님은 자식에게 짜장면을 양보하기 위해 짜장면이 싫다고 거짓말을 한다. 한 번쯤 들어 보았을 이야기다. 어머니가 고등어를 싫어하시는 줄 알았는데 나이가 들고 나서야 실은 좋아하신다는 걸 알았다는 식의 이야기 말이다. 나는 내가 사랑하는 사람이 나를 사랑한다는 이유로 자신이 좋아하는 것을 포기하기를 바라지 않는다. 물론 어머니는 짜장면이나 고등어보다 자식을 더 사랑한 것일 테지만.

희생이 마치 사랑의 진정한 모습인 양 회자되다 보니 선의의 배려가 다정으로 둔갑되기도 하지만 사실 어긋날 때가 더 많다. 우리는 서로에게 좋은 사람이 되고 싶어서 부단히 노력하지만 자주 나쁜 사람이 된다. 물어보지 않고, 이야기하지 않고, 타인의 마음을 지레짐작하다가. 상대방을 앞에 두고도 제대로 마주하지 않고 상상하면서. 닿을 수 있는 거리에 있음에도 계속해서 멀어져 간다.

내게 좋은 것이 상대방에게도 좋을 것이라고 지레짐작하지 않는다면, 상대방이 묻기 전에 나는 무엇이 좋은지 먼저 이야기한다면, 우리는 서로에게 조금 더 나은 사람이 될 수 있을지도 모른다.

01.

쑥국

ingredient.
무 3cm, 토판염 1작은술, 다시마 채수 2.5컵, 된장 1큰술, 콩가루 4큰술, 쑥 2줌

봄나물은 겨우내 쌓인 몸속 노폐물을 배출하는 데 도움이 된다. 무와 함께 국을 끓여 먹으면 소화가 잘될 뿐 아니라 체온이 떨어지기 쉬운 환절기에 몸을 따뜻하게 해 준다. 쑥 대신 냉이를 사용해도 좋고, 된장 대신 소금으로 간을 하면 맑은국으로 즐길 수 있다.

1. 무는 껍질을 벗기지 않고 깨끗이 닦아서 0.5cm 두께로 채를 썬다.
2. 쑥은 단단한 밑동과 시들한 잎을 제거하고 물에 씻어서 준비한다.
3. 냄비에 무와 채수를 넣고 뚜껑을 닫은 뒤 약불에 올려놓는다.
4. 무가 익는 동안 쑥을 콩가루에 골고루 버무린다. 쑥은 물기가 살짝 남아 있어야 콩가루가 더 잘 묻는다.
5. 무가 익으면 콩가루에 버무린 쑥을 넣고 날콩가루 냄새가 날아갈 때까지 끓인다. 콩가루는 끓어 넘치기 쉽기 때문에 뚜껑을 열어 두는 것이 좋다.
6. 날콩가루 냄새가 날아가면 토판염과 된장을 넣고 잘 풀어 준다.

참나물 순두부찌개

ingredient.
참나물 1줌, 순두부 1봉지(450g), 다시마 채수 1컵, 마늘 4알, 대파 1개, 토판염 1작은술, 죽염 ¼작은술, 현미유 적당량

맑은 순두부찌개를 끓이고 마지막에 쫑쫑 썬 봄나물을 넣으면 간단하고도 진하게 봄의 향취를 즐길 수 있다. 빨간 순두부찌개가 당길 때는 **고추기름** 내는 과정을 추가한다. 순두부에 채수만 넣어서 맑게 끓인 뒤 미나리나 참나물로 만든 간장 양념(146쪽 참고)을 곁들여 먹어도 맛있다.

1. 마늘 4알을 편을 썰어서 냄비에 넣고, 마늘이 기름에 잠기도록 현미유를 넉넉히 두른다.
2. 대파와 참나물을 쫑쫑 썰어 둔다.
3. 냄비에 불을 올리고 마늘 향이 충분히 올라오면 대파와 죽염을 넣고 볶는다.
4. 대파가 노릇해지면 순두부와 다시마 채수, 토판염을 넣고 한소끔 끓인다.
5. 불을 끈 뒤에 참나물을 넣고 잘 섞는다.

재인's tip … 고추기름 만드는 법

고추기름은 한번 가열했던 기름이기에 산패 속도가 빠르다. 보관하며 사용하지 않고 그때그때 만들어야 한다. 고추기름이 필요한 요리에는 보통 마늘이나 생강, 대파가 많이 들어간다. 그래서 초반에 마늘, 생강, 대파를 기름에 볶는 경우가 많은데, 이때 기름을 평소보다 좀 더 넉넉하게 넣어서 채소를 충분히 볶은 다음 고춧가루를 넣고 잘 섞으면 고추기름이 된다. 그런 다음 정해진 레시피에 따라 요리를 이어 나간다. 번거롭게 매번 고추기름을 만들지 않아도, 이 방법으로 신선한 고추기름을 낸 요리를 먹을 수 있다. 마파두부 덮밥이나 채개장을 만들 때 이렇게 고추기름을 내면 풍미가 훨씬 좋아진다.

03.

미나리 버섯전골

ingredient.
양파 1개, 새송이버섯(L) 1개, 팽이버섯 1팩, 느타리버섯 ½팩, 양송이버섯 4개, 미나리 ½봉지, 두부 ½팩, 조선간장 1큰술, 다시마 채수 4컵, 죽염 1작은술, 토판염 1작은술

레시피는 간단한데 담음새가 좋아서 손님 대접으로도 괜찮은 요리다. 버섯이 주재료이기는 하지만 어떤 채소를 넣어도 잘 어울린다. 애매하게 남아 있는 자투리 채소들을 모두 넣어 냉털 요리를 해 보자. 청경채나 당근, 양배추나 배추도 좋지만 뭐니 뭐니 해도 겨울 무를 넣고 만든 버섯전골이 별미다. 미나리 대신 쑥갓을 사용해도 잘 어울리고, 두부 대신 유부나 두부면 또는 푸주를 넣어도 좋다. 조선간장과 소금 대신 진간장으로 간을 하고 조청으로 당도를 조절해서 달짝지근한 일본식 스키야키로 즐길 수도 있다.

1. 양파를 1cm 두께로 도톰하게 썰고 미나리는 엄지손가락 길이로 썬다.
2. 버섯은 취향에 따라 먹기 좋게 자른다. 본 레시피에서는 새송이버섯을 세로로 길게 8등분을 하고 팽이버섯은 밑동을 제거한 뒤 손으로 찢어서 준비했다. 양송이버섯은 통째로 사용해도 좋고 느타리버섯은 한입 크기로 찢어 둔다.
3. 냄비에 양파를 깔고 그 위에 버섯을 올린 뒤 죽염을 골고루 뿌린다. 미나리는 가장 마지막에 반만 올린다. 채소를 넣는 순서에 따라 전골의 맛이 달라진다.
4. 채수를 붓고 냄비 뚜껑을 닫은 뒤 약불에서 천천히 끓인다. 강불이 아닌 약불에서 은근하게 끓여야 맛이 충분히 우러난다.
5. 끓기 시작하면 불을 키우고 뚜껑을 연 뒤 토판염과 조선간장을 넣어 간을 한다.
6. 버섯이 모두 익으면 완성. 먹기 전에 나머지 미나리를 고명처럼 곁들인다.

04.

미역 콩나물국

ingredient.

콩나물 1봉지(300g), 미역 1줌, 두부 ½모, 조선간장 1작은술, 다시마 채수 4컵, 토판염 1작은술, 죽염 1작은술, 청양고추 1개

국 중에서도 끓이기 쉬운 편에 속하는 콩나물국. 다만 콩나물 비린내를 없애려면 몇 가지 지켜야 할 수칙이 있다. 첫 번째는 냄비 뚜껑을 열었다 닫았다 하지 않는 것. 처음에 뚜껑을 닫고 요리를 시작했다면 비린내가 날아갈 때까지 계속 닫아 두고, 뚜껑을 연 채로 끓였다면 비린내가 날아갈 때까지 계속 열어 두는 것이 좋다. 비린내가 사라진 후에는 자유롭게 뚜껑을 열고 닫아도 괜찮다. 두 번째는 다시마 채수의 온도다. 뜨겁거나 미지근한 상태의 채수를 사용하면 비린내가 날아갈 틈 없이 갇혀서 어떻게 끓여도 비린내가 남는다. 냉장고에 보관해 둔 차가운 채수를 사용하거나, 새로 끓인 채수라면 충분히 식힌 것을 사용해야 한다. 마지막으로 콩나물의 상태가 중요하다. 사계절 내내 키울 수 있어서 제철이랄 것이 따로 없지만 콩나물은 겨울에 먹는 것이 가장 맛있다. 채소가 귀한 계절, 시루에 콩을 넣고 물을 부어 가며 길러 먹던 선조의 지혜가 담긴 채소가 바로 콩나물이다.
본 레시피에 고춧가루나 김치 국물을 넣어도 좋고, 미역이나 두부 대신 얇게 썬 다시마나 버섯, 대파를 넣어도 좋다. 집에 콩나물밖에 없다면 다른 재료를 모두 생략하고 끓여도 맛있다. 끓여 둔 것을 추울 때는 뜨겁게 데워서, 더울 때는 냉국으로 차갑게 먹을 수 있다.

1. 콩나물을 물에 담가 두어 번 흔들어서 씻은 뒤 물기를 탈탈 턴다.
2. 냄비에 콩나물, 미역, 채수를 넣고 뚜껑을 닫아서 비린내가 날아갈 때까지 끓인다. 뚜껑을 열지 않아도 새어 나오는 김의 향으로 확인할 수 있다.
3. 간수 뺀 두부를 1cm 정도 크기로 깍둑썰기 하고 청양고추는 잘게 다진다.
4. 비린내가 사라지면 두부와 청양고추를 넣고 한소끔 끓인 뒤 조선간장과 토판염, 죽염으로 간을 한다. 레시피와 재료가 단순한 요리에 두 종류의 소금을 사용하면 맛이 더욱 풍부해진다.

감자 미역국

ingredient.

미역 1컵, 감자 2개, 양파 ¾개, 조선간장 1큰술, 참기름 1큰술, 토판염 1작은술, 죽염 0.5작은술

미역국을 즐겨 먹는다. 레시피가 간단하고 취향에 따라 다양한 재료를 넣을 수 있는데, 별것 넣지 않고 미역만으로 끓여도 충분히 맛있다는 점이 특히 매력적이다. 미역국은 늘 넉넉하게 끓여 두었다가 떡을 넣어서 떡국으로도 먹고 식은 밥을 넣고 끓여서 죽으로도 먹는다.

사계절 다양한 채소와 함께 미역국을 끓일 수 있다. 미역국에는 뿌리채소가 잘 어울린다. 기름에 볶은 우엉을 넣어서 끓이면 우엉 특유의 향 때문에 굴을 넣은 미역국 느낌이 나고, 감자를 넣으면 전분이 뽀얗게 우러나 곰탕처럼 깊은 맛이 난다. 그 밖에 돼지감자, 버섯, 무, 연근, 들깻가루, 두부, 유부 등을 넣어도 좋다. 이것도 될까 싶은 재료를 과감히 넣어 보며 자기만의 미역국을 발견하기를 바란다.

1. 미역 1컵을 물 6컵에 불려 둔다.
2. 껍질 벗긴 감자와 양파를 0.5cm 두께로 채 썬다.
3. 미역을 건져 내 물기를 꼭 짜고 한입 크기로 썬다. 미역 불린 물은 버리지 않는다.
4. 냄비에 미역, 감자, 양파를 넣고 조선간장, 참기름을 둘러 잘 버무린 뒤 뚜껑을 닫고 약불에 올려놓는다.
5. 채소에서 수분이 나오기 시작하면 미역 불린 물을 넣고 강불에서 한소끔 끓인다.
6. 팔팔 끓으면 불을 줄이고 토판염, 죽염을 넣어 간을 한다.

06.

비건 부대찌개

ingredient.

- 찌개: 양파 1개, 대파 1개, 무 4cm, 두부 ½팩, 느타리버섯 ⅔팩(200g), 유부 4장, 쑥갓 1줌, 다시마 채수 4컵
- 양념장: 고추장 1큰술, 고춧가루 3큰술, 진간장 3큰술, 조선간장 1큰술, 다진 김치 ½컵, 청양고추 1개, 생강(엄지손톱 크기) 1조각, 마늘 3알

칼칼한 국물이 당길 때 만들기 좋은 메뉴다. 양념장의 진간장 3큰술을 조선간장 3큰술로 대체하면 단맛이 줄어들고 감칠맛이 늘어나기 때문에 해물탕처럼 즐길 수도 있다. 느타리버섯 대신 다른 버섯을 넣어도 좋고, 배추나 애호박을 넣어도 잘 어울린다. 라면 사리와 다진 김치를 넣거나 통조림 콩을 곁들이면 그럴듯한 부대찌개가 된다. 우리 집은 삶은 고사리와 고구마순, 푸주를 즐겨 넣는다.

1. 고춧가루는 불려서 사용하지 않으면 풋내가 나기 쉬우므로 양념장부터 만들어 둔다. 마늘과 생강을 다진 뒤 양념장 재료를 모두 넣고 잘 갠다.
2. 양파는 1cm 두께로 썰고 대파는 어슷 썬다.
3. 무는 껍질을 벗기지 않고 0.5cm 두께로 나박썰기 한다.
4. 쑥갓은 흐르는 물에 씻은 뒤 물기를 털고 한입 크기로 썬다.
5. 두부를 먹기 좋은 크기로 자르고 느타리버섯은 손으로 찢는다.
6. 냄비에 양파, 무, 대파를 먼저 깔고 나머지 재료와 양념을 모두 넣은 뒤 끓인다.

07.

뿌리채소 수프

ingredient.

양파 ½개, 무 2cm, 연근 3cm, 단호박(S) ¼개, 당근 ½개, 다시마 채수 2.5컵, 불린 콩 ½컵, 토판염 1.5작은술, 현미유 1큰술

밥과 함께하면 국이 되고, 빵과 함께하면 수프가 된다. 여유가 있을 때는 콩을 넣고, 여유가 없을 때는 콩 없이 끓여 먹는다. 콩 대신 수수나 보리 같은 곡물을 삶아서 곁들여도 좋다. 콩은 어떤 종류든 상관없지만 햇완두콩을 넣으면 오래 삶을 필요가 없는 데다 색감이 예쁘고, 다른 콩에 비해 불리는 시간이 적게 드는 밤콩을 쓰면 요리 시간이 단축되고 단맛이 강해 맛있다.

1. 콩은 하룻밤 불려서 준비한다.
2. 불린 콩을 냄비에 넣고 콩이 잠기도록 물을 부어서 끓인다. 처음에는 강불로 끓이지만 한소끔 끓은 뒤에는 뚜껑을 닫고 중불에서 은근하게 끓여야 콩이 잘 익는다. 물이 졸아들면 조금씩 추가해 주면서 콩이 충분히 익을 때까지 삶는다.
3. 콩을 삶는 동안 채소를 손질한다. 양파는 껍질을 벗기고 무, 연근, 당근은 껍질을 벗기지 않고 깨끗이 닦는다. 단호박은 겉으로 보기에는 깨끗해도 흙이나 먼지가 붙어 있기 쉬우므로 흐르는 물에서 수세미로 박박 닦아야 한다.
4. 모든 채소를 1cm 두께로 깍둑썰기 한다.
5. 현미유를 두른 냄비에 모든 채소와 토판염 0.5작은술을 넣고 버무린 뒤 뚜껑을 닫고 약불에 올려놓는다.
6. 채소가 반쯤 익으면 채수를 붓고 강불에서 팔팔 끓인다.
7. 한소끔 끓으면 약불로 줄여서 삶은 콩을 넣고, 콩과 채소가 모두 익을 때까지 끓인다.
8. 마지막에 토판염 1작은술을 넣어 간을 한다.

08.

우엉 들깨탕

ingredient.

우엉 30cm, 양파 1개, 다시마 채수 3컵, 다시마(손바닥 크기) 1장, 들깻가루 2큰술, 조선간장 1큰술, 토판염 1작은술, 현미유 적당량

* 다시마는 채수 내고 남은 것을 냉동고에 보관해 두었다가 사용했다.

채소가 적게 나는 겨울에 자주 찾게 되는 국물 요리로, 껍질을 벗기지 않은 우엉은 그 자체로 깊은 단맛을 가지고 있어서 별다른 재료를 넣지 않아도 맛이 풍부한 탕을 끓일 수 있다. 보통은 껍질을 벗기지만 우엉 본연의 맛을 즐기기 위해서는 껍질째 사용하는 것이 좋다. 우엉의 얇고 부드러운 껍질이 벗겨지지 않도록 수세미 대신 손바닥으로 비벼서 흙이 묻어나지 않을 정도로만 씻어 내면 된다. 감자옹심이를 빚어서 넣거나 유부, 무를 넣어도 잘 어울린다.

1. 양파는 결을 따라 1cm 두께로 썬다.
2. 다시마를 0.2cm 두께로 얇게 채 썬다.
3. 우엉은 어슷 썬 것을 다시 한번 반으로 가른 후 최대한 얇게 채 썬다. 우엉은 금세 갈변하기 때문에 요리하기 직전에 썰 것.
4. 불에 올려 달군 냄비에 현미유를 두른다. 우엉은 기름을 많이 먹는 편이므로 넉넉히 두른다.
5. 기름이 달궈지면 우엉을 넣고 골고루 뒤적인다.
6. 우엉 특유의 흙냄새가 날아가고 고소한 향이 나기 시작하면 양파를 넣고 골고루 섞은 뒤 뚜껑을 닫고 약불로 줄인다.
7. 양파가 반쯤 익으면 채 썬 다시마를 넣고 채수를 부은 뒤 강불로 올려서 팔팔 끓인다.
8. 한소끔 끓으면 조선간장과 토판염을 넣고 간을 한다.
9. 불을 끈 뒤 들깻가루를 넣고 잘 풀어 주면 완성. 만약 걸쭉한 탕을 먹고 싶다면 전분물(감자전분 2큰술+물 4큰술)을 풀어서 한소끔 더 끓이면 된다.

면
–
Noodle

내가 바라는 미래

드라마 〈마이코네 행복한 밥상〉에서 키요는 친구 스미레를 위해 우동을 끓인다. 대파와 유부가 들어간 우동은 수수해 보이지만 육수에 온갖 좋은 재료를 넣고 시간을 들여 우려낸 것이다. 아픈 스미레를 위해 죽을 끓일까 하다가 그 지역(교토)에서는 아플 때 우동을 먹는다는 말을 듣고 정성껏 끓여 건넨다. 우동에 담긴 키요의 사랑을 스미레는 맛있게 받고 고맙다는 말로 돌려준다. 사랑한다는 말 한마디 없지만, 키요와 스미레 사이에 놓인 우동 한 그릇에 서로를 향한 마음이 담겨 있다.

  이 드라마의 등장인물 모두가 저마다 다르게 다정하고 따뜻해서 비현실적이라고 느꼈다. 드라마 속에서 착하고 좋은(좋다고 여겨지는) 캐릭터 혹은 기적적인 상황이나 타이밍을 마주할 때면 드라마니까 가능한 거지, 하고 단정 짓거나 저런 사람이 대체 어디 있어, 하며 비웃었다. 그러나 이제는 현실과 현실적인 것은 다르다고 생각한다. 현실은 지금 우리가 살아가는 것 세상 그 자체고, 현실적인 것은 그렇게 되었으면 하는 미래에 가깝다. 그렇기에 현실적인 것을 이야기할 때는 가능성을 따지지 않고 꿈꾸는 것이 가능하다. 결코 현실에서 가능한 것만이, 현실에 머무르는 것이 현실적인 것은 아니다. 지금 우리가 누리는 것들 대부분이 과거의 현실에서는 가능하지 않았던 것이니까. 우리가 드라마를 보며 현실은 그렇지가 않다고 부정하는 것은 어쩌면 그 일들이 현실에서 일어나기를 바라는 마음의 반작용일지 모르겠다. 서로에게 자신의 감정을 솔직히 이야기하고, 사랑한다는 표현을 자주

하고 또 그것을 자연스럽게 받아들이고, 힘든 상황에서도 다정함을 잃지 않는 모습 같은 것 말이다.

    얼마 전 친구 S가 말했다. "나는 나한테 관심 있는 사람은 쳐다도 안 보게 되고 오히려 나한테 별로 관심 없는 사람을 좋아하게 되더라." 흔한 이야기다. 새삼스럽지도 않은 이 말을 우리는 새삼스레 되짚어 보았다. 그렇게 작동하는 마음에 대해. 왜 그런 걸까 하고. 아마도 낯설어서 그럴 거라는 결론에 닿았다. 누구나 사랑받고 싶어 하지만 막상 누가 내게 사랑을 말하면 낯이 간지러워진다. 가령 이런 것이다. 모부의 사랑을 원하지만 막상 모부에게서 사랑한다는 말을 들으면 왜 저래, 뭐 잘못 먹었나, 하고 퉁명스럽게 반응한다든가 마음과는 달리 어휴, 징그러워, 말하며 뒷걸음질을 친다든가. 사랑을 받는 쪽보다 "사랑을 주세요"라고 말하는 쪽, 즉 사랑받기 위해 노력하는 쪽이 훨씬 편한 옷인 거다.

    사랑을 받는 데에도 연습이 필요하다. 그 사실을 세상에 온 지 삼십 년이 훌쩍 지나서야 알게 되었다.

    주말에는 주로 연인의 집에서 생활하며 내가 요리한 음식을 함께 먹는다. 사랑하는 사람과 맛있는 요리를 만들어 먹는 것이 내게는 큰 기쁨이고, 크게 힘들이지 않고 할 수 있는 일이기도 하다. 반면 연인은 종종 나라면 비싸서 사지 않을 좋은 물건을 선물하거나 엽서를 써 주고는 한다. 처음에는 선물이 부담스러워서 그러지 말라고 극구 말렸다. 그러던 어느 날 연인이 말했다. "재인은 저한테 더 좋은 걸 주잖아요. 저도 요리를 해 줄 수는 있지만 재인이 하는 것처럼 맛있는 밥상을 차려 줄 수는 없어요. 저는 제가 할 수 있는 방식으로 좋은 걸 재인에게 주는 거예요." 그때 깨달았다. 나는 내가 주는 사랑은 당연하게 생각하면서도 상대방이 내게 주는 사랑은 받지 못하고 있었구나. 그때부터 받는 연습을 조금씩 하고 있다. 우리는 낯간지럽다고 여겨지는 말도 서로에게 자주 한다. 처음에는 그런 말을 하는 것도 듣는 것도 부끄러웠지만 점점 적응해 가고 있다. 전에는 연인이 나를 다정하게 쳐다보면 무안해서 "왜 그래?" 말하거나 "뭘 봐" 하며 괜히 장난을 쳤고, 예쁘다는 말이나 사랑스럽다는 말을 들으면 부끄러워서 못 들은 척하곤 했다. 내가 원하는 다정하고 따뜻한 사랑을 상대방이 내 줘도 정작 받지를 못했던 것이다. 그러다 보니 시간이 지날수록 서로 데면데면해지고 표현에 인색해졌던 것 같다.

연애 경력 15년(결혼 포함) 만에 처음으로 주고받는 사랑을 적극적으로 실천해 보며 배우고 있다. 상대방이 주고 싶은 사랑과 내가 주고 싶은 사랑에 대해, 상대방이 받고 싶은 사랑과 내가 받고 싶은 사랑에 대해, 서로가 줄 수 있는 사랑의 모양과 그것을 받았을 때의 느낌에 대해 우리는 일상적으로 이야기를 나눈다.

사랑받는 연습을 하다 보니 보이지 않던 것들이 보이기 시작했다. 당연하게 여긴 탓에 사랑인 줄 몰랐던 사랑을 느끼게 되기도 하고, 사랑이라고 생각하지 않았던 것이 사랑으로 보이기도 한다. 이를테면 엄마가 아침마다 내게 차려 주던 따뜻한 국과 밥, 질투하는 마음, 포켓몬빵을 줄을 서서라도 사다 주고 싶은 마음 같은 것 말이다.

요즘은 사랑한다는 말을 자주 한다. 연인뿐 아니라 주변 친구들에게도, 가족에게도 쉽게 자주 표현하려고 노력한다. 과거의 나는 사랑한다는 말을 아꼈다. 사랑한다는 말을 하면 할수록 사랑이 닳아 없어지는 것 같아서. 내 사랑은 가볍지 않고 무겁기를 바라서. 사랑한다는 말을 보물창고에 넣어 두고 어쩌다 한 번씩 꺼내야 하는 것처럼 여겼다. 이제 나는 사랑이 대단한 것이 되지 않기를 바란다. 사랑이

도처에 널렸으면 좋겠다. 나는 사랑이 먹고 싶을 때 먹고, 자고 싶을 때 자는 것처럼 아주 일상적인 것이 되기를 바란다.

그래서 오늘도 사랑한다는 말을 인사처럼 하며 내가 바라는 미래를 살아가고 있다. 그 말을 듣고 싶었으나 막상 듣고서는 깜짝 놀라 뒷걸음질 치지 않도록. 드라마 속 아름다운 사랑이 나의 일상에서도 가능하도록. 좋은 것들이 나의 삶에 흘러들 수 있도록.

01.

미나리 크림 파스타

ingredient.

마늘 2알, 양파 ½개, 미나리 굵은 부분과 얇은 부분 각 10줄기씩, 조선간장 1작은술, 토판염 1작은술, 무첨가 두유 1컵, 파스타 면, 현미유 적당량

향채가 나오는 계절에 만들어 먹는 파스타로, 기호에 따라 나물의 양을 늘리거나 줄여서 향의 세기를 조절할 수 있어 좋다. 미나리 외에 쑥갓이나 고수, 루꼴라, 셀러리 잎 등을 활용할 수 있다.

1. 마늘은 편을 썰어서 프라이팬에 넣고 기름을 넉넉히 두른다.
2. 양파를 새끼손톱 크기로 다진 뒤 토판염을 한 꼬집 넣어 버무려 두고, 미나리는 굵은 부분과 얇은 부분을 따로 나누어서 쫑쫑 썬다.
3. 프라이팬에 불을 올리고 마늘 향이 충분히 올라오면 양파를 넣어 볶는다.
4. 양파에서 단내가 올라올 때까지 충분히 볶은 뒤 미나리 굵은 부분 썬 것을 넣고 함께 볶는다.
5. 미나리가 선명한 녹색으로 변하면 불을 끄고 블렌더에 담는다. 거기에 무첨가 두유, 조선간장, 토판염 0.5작은술, 미나리 얇은 부분을 함께 넣고 갈아 준다.
6. 곱게 간 크림소스를 다시 프라이팬에 담아서 원하는 농도가 될 때까지 끓인 뒤 불을 끈다.
7. 삶은 면을 크림소스에 넣고 잘 버무린다.
8. 생미나리를 고명처럼 얹어 마무리한다.

02.

완두콩국수

ingredient.
완두콩 꼬투리 3줌(혹은 삶은 완두콩 2컵), 굵은소금 2작은술, 두유 2.5컵, 토판염 1작은술, 볶은 참깨 4큰술, 소면 400g

햇완두콩은 콩 중에서도 요리에 활용하기 쉬운 재료다. 잘 익기 때문이다. 맛이 달고 부드러운 데다 색도 예뻐서 어떤 요리에 사용해도 귀여운 존재감이 돋보인다. 완두콩 대신 다른 콩으로 콩물을 만들 경우에는 미리 하룻밤 불렸다가 푹 삶아서 갈아야 한다. 콩물을 만들 때 콩 삶은 물은 버린다. 간혹 콩 삶은 물을 넣어야 콩국수가 맛있다고 하는 레시피도 있는데, 맛이 다소 텁텁해진다. 깔끔한 맛을 내려면 삶은 콩을 찬물에 헹군 뒤 다시마 채수나 두유를 넣어서 간다.

1. 완두콩의 단맛이 빠져나가지 않도록 꼬투리째 삶는다. 물에 씻은 완두콩 꼬투리를 냄비에 넣고 살짝 잠길 정도로 물을 붓는다. 굵은소금을 넣고 강불에 올린다. 한소끔 팔팔 끓어오르면 뚜껑을 열고 냄새를 확인하며 삶는다. 풋내가 날아가면 다 삶긴 것이다.
2. 삶은 완두콩을 체에 밭쳐 충분히 식힌 뒤 꼬투리와 콩을 분리한다. 이 과정이 번거롭다면 소금이 들어간 끓는 물에 깐 완두콩 2컵을 넣고 풋내가 날아갈 때까지 삶는다.
3. 완두콩과 두유, 토판염, 볶은 참깨를 블렌더에 함께 넣고 간다. 콩물 완성.
4. 물을 끓이고 소면을 넣어 삶는다. 부르르 끓어올라 넘치려고 하면 찬물을 한 컵 넣는다. 그렇게 두세 번 찬물을 넣어 가며 끓인 뒤 불을 끄고 찬물에서 빠르게 식힌다.
5. 물기를 꼭 짠 소면을 그릇에 담고 콩물을 붓는다.

03.

쫄면

ingredient.

- 양념장: 고추장 1큰술, 진간장 1큰술, 식초 1큰술, 고춧가루 0.5큰술, 조청 2큰술, 머스코바도 1큰술, 다진 마늘 1큰술
- 고명: 적양배추(S) ⅙개, 당근 ⅔개, 숙주 1봉지, 어수리 나물 2줌, 템페 1봉지, 쫄면 4인분

맵지 않은 쫄면 레시피를 소개한다. 이 양념장에 다진 마늘을 듬뿍 넣거나 청양고추로 만든 고춧가루를 쓰거나 혹은 청양고추를 다져서 넣으면 매운 버전이 된다. 다진 마늘을 빼고 만들면 초장으로 활용할 수 있다. 넉넉하게 만들어 두었다가 데친 두릅을 찍어 먹거나 양배추 채 썬 것에 넣고 무쳐서 군만두에 곁들이면 맛있는 비빔만두가 된다. 고명은 김밥 재료와도 비슷해서 남은 것으로 김밥을 싸서 먹어도 좋다. 또한 템페 소보로 덮밥의 재료와도 비슷하니 고명이 애매하게 남으면 잘게 다져서 템페 소보로 덮밥으로 만들어 보자.

어수리 나물은 산나물 중 최고라고 할 수 있을 만큼 향긋하고 맛이 좋은데, 어수리 대신 세발나물을 사용하거나 깻잎이나 상추, 오이를 다져 넣어도 좋다. 취향과 상황에 맞게 고명을 달리해 다양하게 즐길 수 있는 한 그릇 요리다.

1. 고춧가루는 미리 개어 두지 않으면 팁팁하고 겉돌기 때문에 양념장부터 만든다. 양념장 재료를 한데 넣고 잘 섞는다.
2. 어수리 나물과 적양배추를 채 썬다.
3. 당근은 0.5cm 두께로 채 썰어서 기름을 두른 프라이팬에 가볍게 볶는다. 생채소만 넣으면 찬 성질이 강해 배가 아플 수 있으므로 당근은 볶아서 넣는 편이 좋다.
4. 냄비에 숙주를 넣고 소금 1작은술에 버무린 뒤 껍질 듯 약한 불에 올려놓는다. 냄비에서 김이 올라오면 불에서 내린 뒤 식힌다. 이렇게 익히면 숙주의 맛이 잘 살아 있어 좋다.
5. 실온에 1시간가량 두고 해동한 템페를 새끼손톱 크기로 다져서 기름을 넉넉히 두른 팬에 볶는다. 마지막에 진간장 1큰술을 넣고 골고루 섞는다.
6. 다 익은 숙주를 체에 밭쳐 식힌다.
7. 쫄면을 삶은 뒤 찬물에 헹군다.
8. 그릇에 쫄면을 담고 고명을 차례로 얹는다. 입맛에 맞게 양념장을 넣고 잘 비벼 먹는다. 취향에 따라 견과류를 얹어도 잘 어울린다.

04.

두부면 냉채

ingredient.

적양배추 ⅛통, 노랑 파프리카 ½개, 빨강 파프리카 ½개, 부추 1줌, 양파 ½개, 두부면 1팩(100g), 머스코바도 2큰술, 식초 3큰술, 토판염 2작은술, 연겨자 0.5큰술

입맛 없을 때 한 끼 식사로 즐길 수 있는 샐러드로, 닭가슴살 대신 두부면을 넣었다. 구운 두부로 대체하거나 두부면 또는 두부를 생략해도 상관없다. 채소 또한 레시피처럼 다양하게 넣지 않아도 된다. 콩나물이나 숙주를 삶아서 넣거나 사과나 배를 채 썰어 넣어도 좋다. 다만 양파는 빼지 않고 꼭 넣을 것. 톡 쏘는 겨자 맛을 좋아한다면 겨자 양을 2배로 늘리자.

1. 머스코바도, 식초, 토판염, 연겨자를 잘 섞어서 냉채 소스부터 만들어 둔다.
2. 양파와 적양배추를 얇게 채 썰고, 파프리카도 꼭지를 제거한 뒤 채 썬다.
3. 부추는 흙이 많은 밑동 위주로 물에 담가 흔들어 가며 씻고 물기를 뺀다.
4. 두부면은 체에 밭쳐 물기를 뺀 뒤 흐르는 물에 한 번 씻어서 사용한다.
5. 볼에 두부면과 모든 채소를 담고 소스와 잘 버무린다.

05.

분짜

ingredient.

- 느억맘 소스: 청양고추 1개, 풋고추 2개, 물 ¼컵, 조선간장 6큰술, 현미식초 4큰술, 머스코바도 3큰술
- 콩불고기: 언리미트 슬라이스 1팩(230g), 양파 ½개, 마늘 2알, 머스코바도 2큰술, 진간장 2큰술, 조선간장 1큰술, 참기름 1큰술, 물 ¼컵
- 그 외: 상추 10장, 빨강 파프리카 ½개, 노랑 파프리카 ½개, 차즈기 10장, 고수 1줌, 양파 1개, 쌀국수

분짜의 핵심은 두 가지다. 느억맘과 양념한 고기. 느억맘은 생선을 염장해 발효시킨 베트남의 피시 소스다. 고릿한 냄새가 나면서 짭짤한 이 소스를 조선간장으로 비슷하게 만들 수 있다. 칼칼한 맛을 위해 청양고추를 넣었는데, 매운 걸 좋아한다면 풋고추 대신 청양고추의 양을 늘리면 된다. 또한 느억맘 소스를 국물처럼 마시고 싶다면 물의 양을 두 배로 늘린다. 양념에 재운 고기는 콩고기를 사용했다. 콩고기 대신 템페나 두부를 불고기 양념에 조릴 수도 있지만 분짜 특유의 맛과는 달라진다. 채소는 자유롭게 준비한다. 상추와 양파는 기본으로 두고 취향에 따라 차즈기, 고수, 타이바질 같은 향채를 곁들이면 현지에서 먹는 맛을 구현할 수 있다.

1. 청양고추와 풋고추를 잘게 다진 뒤 나머지 소스 재료들과 한데 섞어 느억맘 소스를 만든다.
2. 불고기 양념을 만든다. 양파, 마늘, 머스코바도, 진간장, 조선간장, 참기름, 물을 블렌더에 넣고 간다.
3. 해동한 언리미트 슬라이스를 불고기 양념에 넣고 잘 버무린 뒤 기름 두른 프라이팬에서 볶는다. 콩고기는 잘 부서지기 때문에 양념이 한군데 몰려 있거나 탈 것 같을 때에만 살짝 뒤적여 준다.
4. 곁들일 채소를 손질해서 채 썬다. 상추와 차즈기는 1cm 폭으로, 고수는 한입 크기로 썬다. 양파는 가늘게 채 썬다. 파프리카는 기름기 없는 팬에서 그을리듯 구워 곁들인다.
5. 끓는 물에 소금을 살짝 넣고 쌀국수를 삶는다. 쌀국수 봉지에 안내된 조리법대로 삶으면 된다. 몇 분 삶고서 찬물에 헹군 뒤 쌀국수 국물에 넣어 삶는 것이 일반적인데, 이 경우 국물에서 삶는 시간까지 모두 포함해 삶은 뒤 찬물에 헹구면 된다. 쌀국수 면은 잘 끊어지기도 하고 전분이 빠져나와 물이 걸쭉해지므로 중간중간 한두 번만 저어 주고 되도록 젓지 않는다.
6. 그릇 중앙에 느억맘 소스를 담은 종지를 놓고, 사방에 재료를 보기 좋게 올린다. 양파와 쌀국수 면은 흰색이므로 맞은편에 배치하고, 그 사이에 색이 있는 채소를 담으면 먹음직스럽다.

단호박 크림 감자 뇨끼

ingredient.

- 단호박 크림: 마늘 3알, 양파 1.5개, 단호박(S) 1.5개, 다시마 채수 1.5컵, 들깻가루 2큰술, 토판염 1작은술, 생콩가루 2큰술+다시마 채수 10큰술, 현미유 적당량
- 뇨끼: 감자 4개, 물 ½컵, 통밀가루 1.5컵, 소금 2작은술
- 고명: 느타리버섯 ⅔팩(200g), 양송이버섯(L) 6개, 소금 0.5작은술

뇨끼는 집에서 손쉽게 만들 수 있는 면으로, 밀가루가 적게 들어가서 부담도 적다. 만드는 과정이 재밌어서 아이와 함께하기에도 좋은 요리다. 당근이나 시금치, 비트로 즙을 내서 반죽하면 다채로운 색의 뇨끼를 만들 수 있다. 크림소스는 주로 두유를 넣거나 현미유와 밀가루로 루를 만들어서 사용하는데, 여기서는 또 다른 방법을 소개한다. 생콩가루를 채수에 개어서 넣으면 콩가루의 고소한 감칠맛이 더해져 간편하면서도 맛있는 크림소스가 된다. 다만 생콩가루는 높은 온도에서 순두부처럼 몽글몽글 뭉치기 때문에 낮은 온도에서 익혀야 한다.

단호박 크림

1. 마늘은 편을 썰고 양파는 채 썬다.
2. 단호박 속을 숟가락으로 파낸 뒤 껍질을 벗기고 엄지손톱 크기로 깍뚝 썰기 한다. 껍질의 영양분까지 모두 섭취하고 싶다면 껍질째 사용해도 되지만 크림의 색이 달라진다.
3. 냄비에 마늘을 넣고 기름을 넉넉히 두른 뒤 불을 켠다.
4. 마늘 향이 올라오면 양파를 넣고 감칠맛이 나도록 태우듯 익힌다. 중불에 올려서 가만히 익히다가 냄비 바닥이 갈색이 되면 한 번씩 뒤적인다.
5. 양파가 익으면 단호박과 채수 1컵 반을 넣고 단호박이 익을 때까지 끓인다.
6. 단호박이 익으면 토판염을 넣고 불에서 내린 뒤 블렌더로 곱게 간다.
7. 생콩가루와 들깻가루를 채수 10큰술에 잘 개어서 단호박 소스에 넣고 섞는다.
8. 약불에 올려서 생콩가루 냄새가 날아갈 때까지 익힌다.

뇨끼

1. 감자는 껍질을 벗기고 8등분을 한다.
2. 냄비에 감자와 소금 1작은술, 물 반 컵을 넣고 물이 완전히 졸아들 때까지 뚜껑을 닫고 삶는다.
3. 삶은 감자를 뜨거울 때 곱게 으깬 뒤 통밀가루와 소금 1작은술을 넣고 잘 섞는다.
4. 감자가 식으면 치대어 가며 반죽한다. 수분이 많은 감자의 경우 밀가루를 한 숟갈씩 더하면서 반죽의 농도를 맞춘다.
5. 반죽이 손에 묻어나지 않을 정도가 되면 적당량을 떼어 내 500원짜리 동전보다 조금 크게 뇨끼를 빚는다. 이때 두께가 1cm를 넘지 않도록 한다.
6. 프라이팬에 기름을 넉넉히 두르고 뇨끼를 양면 노릇하게 굽는다. 보통은 끓는 물에 삶아서 사용하지만 구우면 식감이 더 쫀득해진다. 물론 끓는 물에 삶은 뒤 건져서 사용해도 좋다.

고명

1. 느타리버섯은 한입 크기로 찢고 양송이버섯은 도톰하게 썬다.
2. 프라이팬에 기름을 달군 뒤 버섯을 넣고 노릇하게 볶는다. 버섯에서 물이 나오면 노릇하게 굽기 어려우므로 자주 뒤적이지 않는다. 버섯이 잘 익었다면 소금으로 간을 한다.

07.

돼지감자 된장면

ingredient.

돼지감자(탁구공 크기) 5개, 팽이버섯 1봉지, 생강(엄지손톱 크기) 1조각, 대파 2개, 양파 ½개, 된장 2큰술, 진간장 1큰술, 다시마 채수 1컵, 도삭면, 전분 물(감자전분 1큰술+물 2큰술), 현미유 조금

춘장을 넣지 않고도 짜장면 같은 풍미를 내는 면 요리다. 원하는 면을 사용하면 되는데 중국식 도삭면에 버무려 먹으면 양념이 면에 쏙쏙 달라붙어 맛이 좋다. 밥에 곁들여 덮밥으로 즐겨도 좋다. 팽이버섯 대신 불린 표고버섯을 넣어도 잘 어울린다.

1. 오븐을 230도로 예열해 두고 팽이버섯을 손질한다. 밑동을 제거한 뒤 손가락 한 마디 크기로 썬다.
2. 오븐 팬 위에 팽이버섯을 잘 펴서 올리고 230도에서 10분 구운 뒤 꺼내서 식힌다.
3. 돼지감자와 생강은 껍질을 벗기지 않고 흐르는 물에서 칫솔로 깨끗이 닦아 준비한다.
4. 생강을 잘게 다지고 돼지감자와 대파, 양파는 새끼손톱 절반 크기로 깍둑썰기 한다.
5. 프라이팬에 다진 생강을 넣고 기름을 두른 뒤 불에 올린다.
6. 생강 향이 올라오면 대파를 먼저 넣고 볶는다.
7. 대파가 노릇해지면 양파를 넣고 태우듯 볶는다.
8. 양파의 매운 냄새가 날아가고 노릇노릇해지면 돼지감자와 구운 팽이버섯을 넣고 모든 재료를 잘 섞은 뒤 채수와 진간장, 된장을 넣고 끓인다.
9. 한소끔 끓어오르면 전분물을 조금씩 부어 가며 소스의 농도를 맞춘다.
10. 도삭면 봉지에 안내된 조리법대로 면을 삶는다.
11. 삶은 면에 9를 올린 뒤 버무려서 먹는다.

08.

김국 잔치국수

ingredient.

다시마 채수 3.3컵, 양파(S) 2개, 토판염 1.5작은술, 조미 안 한 곱창김 3장, 고명(케일 10장, 들기름 1작은술, 토판염 ⅓작은술), 소면 400g

김국은 따뜻해도 맛있고 차가워도 맛있다. 김국을 만들 때는 주로 곱창김을 사용한다. 대충 뜯어서 넣어도 잘 풀어지기 때문에 그렇다. 파래김이나 조미김을 사용한다면 잘게 찢어야 먹기 좋다. 고명으로 얹은 데친 케일은 애호박이나 깻잎 등 다양한 초록 채소로 대체하거나 생략해도 괜찮다. 햇양파가 달고 맛있는 5~7월에는 양파만 넣고 끓여도 충분히 맛있는데, 취향에 따라 당근, 애호박, 감자 등을 채 썰어 함께 넣고 끓여도 좋다. 여기서 김을 빼면 칼국수가 된다…!

1. 양파를 얇게 채 썬다. 두꺼울수록 익는 데 오래 걸리기 때문에 1cm가 넘어가지 않도록 한다.
2. 냄비에 양파와 다시마 채수를 넣고 약불에서 끓인다. 약불에서 은근하게 오래 끓일수록 채수가 달아진다.
3. 채수가 끓으면 채수에 케일을 데친 뒤 식힌다.
4. 양파가 투명해지면 불을 끄고 채수를 블렌더로 간다. 이 과정은 생략해도 된다.
5. 김의 양면을 구운 뒤 잘게 찢는다. 김을 구우면 감칠맛이 증가하지만 이 과정도 필수는 아니다. 김을 중불에 스치듯 구우면 되는데, 이때 불이 붙지 않도록 조심한다. 불에 굽기 어렵다면 달군 프라이팬에 올려 굽는다.
6. 케일의 물기를 꼭 짜고 쫑쫑 썬 다음 토판염 ⅓작은술, 들기름 1작은술을 넣어 조물조물 무친다.
7. 소면을 삶은 뒤 차가운 물에 비벼 씻고 그릇에 담는다. 김국을 붓고, 고명을 얹어 먹는다. 뜨겁게 먹고 싶다면 팔팔 끓는 김국에 소면을 한 차례 토렴한 뒤 그릇에 담는다.

튀김
-
Fries

뉴슈가와 두 여자

할머니는 옥수수를 보낼 때면 늘 뉴슈가 한 봉지를 택배 상자에 함께 넣어 보내고는 했다. 매해 여름, 옥수수와 함께 집으로 배달된 뉴슈가를 엄마가 사용하는 것은 한 번도 본 적이 없었다. 뉴슈가는 가스레인지 아래쪽에 위치한 서랍장 맨 위 칸에 차곡차곡 쌓여만 갔다. 그 서랍장에는 뉴슈가 말고도 어째서인지 늘어나기만 하고 좀처럼 줄어들지 않는 물건들이 모여 있었다. 조잡하고 요란한 금색 빵끈과 식빵을 사면 끼워져 있는 말발굽 모양의 하얀 플라스틱, 이곳저곳의 상호가 적힌 나무젓가락, 떠먹는 요거트를 사면 주는 투명하고 작은 스푼, 팩 음료에 붙어 있는 구부러진 빨대, 31가지 아이스크림을 파는 곳에서 주는 분홍색 스푼, 노란 고무줄 같은 것들.

엄마는 밥때가 되면 늘 ○○아, 수저 놔라, 하고 불렀는데 가끔은 스테인리스로 된 수저 대신 일회용 수저를 놓으라고 했다. 나는 스테인리스 수저도 그다지 좋아하지는 않았지만 일회용 수저를 식탁에 놓아야 한다는 사실은 끔찍하게 싫었다. 플라스틱 숟가락의 지나치게 가벼운 무게와 나무젓가락 특유의 냄새가 입에 닿기도 전에 느껴져서 입맛이 뚝 떨어졌다. 그렇지만 별수 없이 머릿수에 맞춰 플라스틱 숟가락과 나무젓가락을 나란히 놓았다. 그럼에도 일회용 수저는 도무지 줄지를 않아서 때로는 나무젓가락 때문에 서랍장이 닫히지 않았다. 그러면 엄마는 마지못해 그것들을 검정 비닐봉지에 넣어서 더 큰 수납장으로 옮겼다. 이사를 하면서 새로 맞춘 주방에는 위아래로 수

납장이 넉넉하게 자리하고 있어서 '사용하지 않지만 버리기는 아까운' 물건들을 넣어 두기에 부족함이 없었다.

엄마는 자리만 차지하는 그 물건들을 질색했지만, 지나치게 검약한 아빠와 싸우지 않으려면 어쩔 수가 없었다. 싫어하는 일을 하면서도 엄마는 딸들 앞에서 아빠에 대한 험담을 입 밖에 내지 않는 점잖은 사람이었다. 인심도 좋아서 손님이 오면 절대 그냥 보내는 법이 없었다. 예정에 없던 손님이 와도 대접할 수 있도록 늘 밥을 넉넉히 해 두었는데, 요리 솜씨까지 좋아서 우리 집에 놀러 오는 사람들마다 "이걸 직접 만드셨어요?" "엄마가 해 주던 맛이야" 하며 밥을 두 그릇씩 먹고는 했다. 엄마는 다시다나 미원 같은 조미료를 사용하지 않는 것을 자랑스럽게 여기는 사람이었으므로, 할머니가 보낸 뉴슈가는 계속해서 늘어만 갔다.

그러나 엄마가 뉴슈가로부터 우리를 지키기 위해 아무리 노력해도 바깥에서 먹는 음식에는 당해 낼 재간이 없었다. 밖에서 파는 옥수수는 집에서 먹는 것과는 차원이 달랐다. 물기가 흥건해서 먹고 있으면 팔뚝을 따라 물이 줄줄 흘렀는데 그걸 바닥에 떨어뜨릴세라 급하게 입을 가져다 대고 핥으면 달고 짭짤한 맛에 온몸이 찌릿찌릿했다. 옥수수자루를 쪽쪽 빨아 먹는 것도 별미였다. 왜 집에서 삶는 옥수수에서는 이런 맛이 나지 않는 것인지 늘 의문이었다. (물론 나는 옥수수 킬러이기 때문에 집에서 삶은 옥수수도 잘 먹었다) 나중에 엄마에게 물어보니 밖에서 파는 옥수수는 삶을 때 뉴슈가를 넣어서 그렇다고 말해 주었다. 하지만 엄마는 그 사실을 알면서도 뉴슈가를 단 한 번도 쓰지 않고 보관해 두다가 어느 틈엔가 한 번씩 버리고는 했다. 바닥에 흘린 설탕 한 톨도 허투루 버리지 않는 엄마가 새것을 그대로 버린다는 게 이해가 되지 않았다.

얼마 전부터 옥수수만 먹으면 배가 살살 아프다. 꼭꼭 씹어 먹지 않아서 그런가 싶어 한 알 한 알 놓칠세라 꼭꼭 씹어 보았지만 소용없었다. 한의사 선생님에게 물었더니 몸이 허약한 상태에서는 민감하게 반응할 수 있다며 당분간 옥수수를 먹지 않는 게 좋을 것 같다고 했다. 어릴 땐 내가 옥수수를 잘 씹지 않고 삼켜서 그대로 똥으로 나온 적도 있었다고 엄마가 말했다. 먹지 못한다고 생각하니 더욱 격하게 옥수수가 먹고 싶어진다. 그러다 문득 할머니의 택배 상자 안에 들어 있던 뉴슈가가 떠올랐다.

엄마는 뉴슈가에 대해 이렇게 말했다.

"너무 달고, 짜기도 하고, 먹어서 몸에 좋은 것도 아니니까 모아 두었다가 버렸지."

쓰지 않을 거면 할머니에게 보내지 말라고 했을 법도 한데, 왜 그러지 않았느냐고는 차마 묻지 못했다. 엄마의 마음을 알 것 같았기 때문이다. 할머니가 주는 대로 받아 두었다가 할머니 모르게 버리는 마음. 엄마는 뉴슈가가 할머니의 마음이라는 걸 알았을 것이다. 그걸 받는 게 할머니에게는 기쁨일 거란 것도. 할머니는 그런 사람이었으니까. 뭘 이런 것까지 넣어서 보내나 싶은 것들을 모아서 건네는 사람. 흔하고 별것 아니어도 돈으로 살 수 있는 것들은 할머니에게는 모두 다 귀한 것이었다. 뉴슈가도 할머니에게는 맛있고 좋은 것이었을 테다. 반면 엄마에게는 아이들에게 먹이고 싶지 않은 것이었기 때문에 아까워도 과감히 버렸던 것이다.

음식에도 시간이 묻어난다. 여름의 옥수수를 보면 할머니가 보낸 택배의 기억이 따라붙는다. 택배 상자 속 뉴슈가에는 사랑이 담겨 있다. 할머니와 엄마의 사랑은 방식이 달랐을 뿐 본질은 같은 것이었다. 옥수수알이 그대로 똥으로 나오던 시절을 지나 꼭꼭 씹어도 소화를 시키지 못하는 나이가 되어서야 두 여자의 사랑을 이해한다.

01.

봄나물 채소튀김

ingredient.

참나물 15줄기, 양파 ½개, 대파(파란 부분 위주) ½개, 밀가루 ½컵, 감자전분 1큰술, 소금 0.5작은술, 콩기름 넉넉히

봄나물은 향이 좋아서 튀겨도 느끼하지 않고 담백하다. 참나물을 미나리나 쑥갓으로 대신하거나 양파와 대파 같은 부재료는 생략하고 봄나물만 튀겨도 된다. 쑥, 냉이, 가죽나물, 눈개승마 등 다양한 봄나물을 튀겨서 봄에만 맛볼 수 있는 별미를 놓치지 않기를 바란다.

맛있는 튀김을 위해 지켜야 할 몇 가지 포인트가 있다. 첫 번째는 기름의 양. 팬의 3~5cm 높이로 기름을 넣는다. 어떤 튀김을 하든 재료의 반이 잠길 정도 높이면 된다. 튀김의 한 면이 기름 밖으로 나와 있지 않고 반죽 전체가 기름에 푹 잠기게 되면 튀김옷이 기름을 많이 먹어서 느끼해진다. 두 번째는 자주 뒤집지 않는 것. 기름에 닿은 면이 노릇해진 것을 확인한 후에 한두 번 정도 뒤집는 것이 적당하다. 세 번째는 튀김을 건질 때 기름을 탈탈 털어야 한다는 것이다. 불필요한 기름을 튀김옷에서 덜어 내는 과정이다. 마지막으로 튀김을 식힘망에 올려 바람이 통하도록 두는 것이다. 기름을 빼기 위해 바로 키친타월에 올리면 바삭한 식감이 사라진다. 식힘망에 잠시 올려 두어야 시간이 지나도 눅눅하지 않고 바삭한 튀김을 즐길 수 있다.

1. 참나물을 1cm 길이로 쫑쫑 썬다. 썰고 나면 두 줌 정도 되는 양이다.
2. 대파와 양파는 0.5cm 두께로 채 썬다.
3. 그릇에 밀가루, 감자전분, 소금을 넣고 물 반 컵을 부어 잘 갠다.
4. 궁중팬에 5cm 정도 높이로 기름을 넉넉히 붓고 달군다.
5. 개어 놓은 반죽에 채소를 모두 넣고 골고루 반죽을 입힌다.
6. 기름에 반죽을 한 방울 떨어뜨렸을 때 바로 떠오르면 적당히 달궈졌다는 뜻이다. 숟가락으로 반죽을 덜어서 기름에 넣는다.
7. 한 번씩 뒤집어서 양면이 노릇해질 때까지 튀긴다.

02.

완두콩 팔라펠

ingredient.

완두콩 2컵, 양파 ¼개, 마늘 4알, 큐민씨드 1작은술, 빵가루 2컵, 토판염 1작은술, 콩기름 넉넉히

* 본 레시피로는 탁구공 크기의 팔라펠 12~13개 정도를 만들 수 있다.

콩을 갈아서 둥글게 빚은 뒤 튀기는 팔라펠은 아직 우리에게 생소한 음식이지만 한국의 여러 토종 콩으로도 팔라펠을 만들 수 있다. 초여름에 나는 완두콩은 부드러워서 팔라펠 만들기에 안성맞춤이다. 말리지 않은 생콩을 팔라펠 반죽에 그대로 사용할 수 있고, 말린 콩이라면 하룻밤 불려 두었다가 사용한다. 불리기 쉬운 밤콩이나 달콤한 맛이 일품인 제주 토종 독새기콩(제주푸른콩)을 사용해도 좋다. 백태나 서리태 같은 친숙한 콩으로도 가능하며, 껍질을 깐 녹두로 만들면 좀 더 부드러운 팔라펠이 된다.

팔라펠에는 기본적으로 허브가 들어간다. 큐민씨드 대신 큐민 가루를 넣는다면 0.5작은술 정도로 양을 줄인다. 큐민씨드도, 큐민 가루도 없다면 집에 있는 허브 가루를 아무거나 넣어도 괜찮다. 이탈리안 파슬리나 셀러리 잎 등 생잎을 넣어도 좋다.

1. 양파와 마늘을 적당히 깍둑썰기 한 뒤 완두콩, 큐민씨드와 함께 푸드 프로세서에 넣고 간다. 콩의 입자가 깨보다 조금 굵도록, 너무 곱지 않게 갈면 된다.
2. 1에 빵가루를 넣고 잘 버무린다. 만약 허브 생잎을 넣어 갈았다면 반죽에 물기가 많을 것이므로 빵가루를 좀 더 넣어 수분을 조절한다. 반죽을 둥글게 빚었을 때 힘없이 무너지지 않을 정도면 된다.
3. 팬에 콩기름을 2~3cm 정도 높이로 넣고 달군다.
4. 콩기름이 예열되는 동안 반죽을 탁구공 모양으로 빚는다.
5. 기름이 잘 달궈졌는지 확인한 뒤(빵가루를 넣었을 때 기포가 생기며 바로 솟아오르면 된 것) 반죽을 넣고 튀긴다.
6. 기름에 잠긴 부분이 노르스름하게 익으면 뒤집어서 반대편을 익힌다. 생콩을 튀기는 것이므로 충분히 익혀야 한다. 표면이 고동색이 될 때까지 튀긴 후 건져 낸다.

03.

감자 크로켓

ingredient.

감자 5개, 양송이버섯 1팩(150g), 양파 1개, 마카로니 1줌, 토판염 1작은술, 굵은소금 1작은술, 진간장 1큰술, 들깻가루 3큰술, 통밀가루 1컵, 빵가루 적당량, 콩기름 넉넉히

주먹만 한 감자 5개는 대략 1kg 정도 무게가 된다. 감자 1kg를 사서 남김없이 크로켓을 만들면 지름 6cm가량의 손바닥만 한 크로켓이 15개 정도 나온다. 넉넉히 만든 것을 냉동 보관해 두었다가 에어프라이어나 오븐에 데워서 먹으면 갓 튀긴 크로켓의 맛을 간편하게 즐길 수 있다. 냉동고에 보관할 때는 한 김 식혀서 통에 담아 냉동고에서 얼리면 된다. 데워 먹을 때는 해동하지 않고 얼린 상태 그대로 150도 오븐이나 에어프라이어에서 10분, 175도로 올려서 10분 데우면 된다.(오븐이나 에어프라이어에 따라 시간은 달라질 수 있다.)
양송이버섯이나 양파는 때에 따라 더 넣거나 덜 넣어도 크게 상관없다. 크로켓 속을 만들 때는 따로 간을 하지 않는데, 감자와 마카로니를 삶을 때 각각 소금이 들어가고 양송이버섯과 양파를 볶을 때에도 진간장으로 간을 하기 때문이다.

1. 껍질 벗긴 감자를 냄비에 넣고 삶는다. 물은 감자가 살짝만 잠길 정도로 붓고 토판염을 넣어 강불에 올려놓았다가 한소끔 끓으면 약불로 줄여서 물이 졸아들 때까지 감자를 익힌다.
2. 냄비에 물 한 컵과 굵은소금을 넣고 끓인 뒤 마카로니를 넣어 삶는다. 마카로니는 봉지에 안내된 조리법대로 삶으면 되는데, 다소 푹 삶기거나 불어도 상관없다. 삶은 마카로니는 건져서 식혀 둔다.
3. 양파를 새끼손톱 크기로 다진 뒤 소금을 소량 넣어 버무려 두고, 양송이버섯은 도톰하게 채를 썬다.
4. 프라이팬에 기름을 두르고 양파부터 볶는다. 양파에서 단내가 올라오면 양송이버섯을 넣고 수분이 날아갈 때까지 볶는다. 마지막에 진간장으로 간을 한다.
5. 삶은 감자를 곱게 으깬 뒤 볶은 양파와 양송이버섯, 마카로니, 들깻가루를 넣고 잘 섞는다. 만약 질퍽하다면 들깻가루를 추가해서 둥글게 빚을 수 있도록 농도를 맞춘다.
6. 크로켓 속을 지름 5cm, 높이 1cm 정도로 빚는다.
7. 통밀가루에 물 1컵을 붓고 개어서 떠먹는 요거트 정도의 농도로 맞춘다.
8. 팬에 콩기름을 3cm 정도 높이로 붓고 달군다.
9. 크로켓 속을 통밀가루 갠 것에 담갔다가 빵가루를 묻힌다.
10. 달군 기름에 빵가루 입힌 속을 넣고 튀긴다. 기름에 닿은 면이 노릇해지면 뒤집어서 반대편도 노릇노릇해질 때까지 튀긴다. 자주 뒤집으면 기름을 많이 먹어서 느끼해지므로 한두 번만 뒤집는다.

04.

느타리버섯 치킨

ingredient.

느타리버섯 1팩(300g), 단호박 1개, 통밀가루, 빵가루 2컵, 허브 가루 1작은 술, 콩기름 넉넉히

채식을 하면서 가장 먹고 싶었던 음식이 치킨이다. 느타리버섯에 빵가루를 입혀서 튀기면 모양도 식감도 치킨과 비슷해진다. 튀긴 후 쉽게 눅눅해지지 않는 것도 장점이다. 이 레시피의 핵심은 걸쭉한 반죽이다. 반죽이 묽으면 튀기면서 튀김옷이 벗겨지므로 떠먹는 요거트 정도의 농도로 갠다. 허브 가루는 어떤 것이든 상관없고, 생략해도 되지만 넣으면 튀김이 더욱 담백해진다. 양념치킨 소스(170쪽 참고)와도 잘 어울린다. 같은 반죽으로 단호박을 튀겨서 곁들여도 좋다.

1. 느타리버섯을 먹기 좋은 크기로 찢는다. 손가락 두세 개 정도 크기로 볼륨감 있게 나누어야 튀김 모양이 그럴듯하며, 겉은 바삭하고 속은 쫄깃한 식감을 즐길 수 있다.
2. 단호박을 1cm 두께로 길쭉하게 썬다. 단호박은 다른 단단한 채소에 비해 금세 익는 편이기지만 너무 두꺼우면 속까지 잘 익히기 힘들다.
3. 통밀가루에 물을 조금씩 넣어 가며 떠먹는 요거트 농도로 걸쭉하게 갠다.
4. 빵가루에 허브 가루를 넣어 섞는다.
5. 느타리버섯과 단호박에 통밀가루 반죽을 입힌 후 빵가루를 묻힌다. 이때 반죽을 꼼꼼히 입히는 것이 중요하다. 반죽이 묻지 않은 부분은 튀길 때 수분이 빠져나오면서 기름이 튈 위험이 있는 데다 눅눅해져서 맛이 없다.
6. 팬에 콩기름을 3cm 높이로 붓고 적당한 온도로 달군다.
7. 튀김옷을 입힌 느타리버섯과 단호박을 양면이 노릇해질 때까지 튀긴다.

05.

연근 멘보샤

ingredient.

연근(20cm) 1개, 식빵 6장(멘보샤 12개 분량), 양송이버섯 10개(150g), 양파 1개, 밥 4큰술, 진간장 1큰술, 소금 소량, 감자전분(생략 가능), 콩기름 넉넉히

멘보샤는 튀길 때의 온도가 중요하다. 기름이 너무 달궈지지 않은 상태에서 서서히 익혀야 한다. 다져서 넣은 생새우를 익혀야 하기 때문인데, 자칫하면 새우는 익지 않고 겉에 있는 식빵만 타기 쉽다. 하지만 본 레시피는 연근을 제외한 나머지 재료를 모두 익혀서 사용하므로 낮은 온도에서 오래 튀길 필요가 없다. 식빵이 노릇해지면 건져 낸다.
연근은 길쭉한 수연근과 짧고 통통한 암연근으로 구분할 수 있다. 수연근은 아삭하다는 특징 때문에 샐러드나 튀김에 잘 어울리고, 암연근은 단맛이 강하고 부드러우며 쫀득한 특징이 있어서 조림에 잘 어울린다. 연근을 살 때는 끝부분을 잘 살펴보고 큰 구멍이 없는 것으로 고른다. 구멍이 크면 바람이 들어 수분이 마르기 때문에 맛과 식감이 떨어진다. 연근 대신 비슷한 식감의 감자를 사용해도 되지만 맛은 다소 달라진다. 또한 양파는 대파로 대신해도 괜찮다.

1. 식빵은 테두리를 잘라 낸 뒤 4등분을 하고, 연근은 갈아서 물기를 꼭 짠다.
2. 양송이버섯과 양파를 새끼손톱 절반 크기로 다지고 양파에 소금을 소량 뿌려 둔다.
3. 프라이팬에 기름을 두르고 양파를 넣어 볶다가 단내가 올라오면 양송이버섯을 추가해 함께 볶는다.
4. 양송이버섯에서 나온 수분이 어느 정도 날아가면 진간장을 두른 뒤 불에서 내려 식힌다.
5. 볼에 간 연근과 볶은 재료, 밥을 넣고 손으로 치댄다. 이때 밥알이 으깨지도록 충분히 치대어야 식감이 더욱 쫀득하고 맛있어진다. 연근의 수분을 얼마나 제거했는지에 따라 반죽의 상태가 다른데, 만약 반죽이 뭉쳐지지 않고 질척거린다면 감자전분을 넣어서 농도를 맞춘다.
6. 반죽을 탁구공 모양으로 둥글게 빚는다.
7. 식빵 2장 사이에 반죽을 넣고 잘 눌러 모양을 잡는다.
8. 기름을 충분히 예열한 뒤 멘보샤를 넣고 튀긴다. 이때 속이 들어간 단면이 보이도록 식빵 부분을 세워서 익혀야 식빵과 속이 분리되지 않는다.
9. 식빵이 노릇해지면 기름을 탈탈 털고 건져 낸다. 멘보샤는 시간이 지날수록 눅눅해지므로 뜨거울 때 바로 먹는 것이 좋다.

06.

마늘간장 템페 강정

ingredient.

템페 1팩, 감자전분 3큰술, 진간장 1.5큰술, 조청 3큰술, 머스코바도 1큰술, 마늘 3알, 콩기름 넉넉히, 현미유 1큰술

채식인이 사랑하는 템페로 강정을 만들어 보자. 조청과 머스코바도 대신 금귤청이나 유자청 같은 시트러스 계열의 청을 넣어 향긋한 강정을 만들 수도 있다. 감귤류는 기름진 음식의 소화를 도와줄 뿐 아니라 특유의 향이 느끼함을 줄여 준다. 청을 사용한다면 건더기 위주로 넣는다. 마늘간장 소스는 남은 것을 냉장고에 보관해 두고 사용해도 괜찮지만 한번 가열했던 것이므로 일주일 이내로 먹는 것이 좋다. 이 소스는 오븐에 구운 가지와도 잘 어울린다. 가지를 세로로 길게 가른 뒤 칼집을 내고 마늘간장 소스를 얹어서 250도 오븐에 15분 구우면 된다.

1. 템페 1팩을 세로로 6등분, 가로로 3등분을 한다.
2. 주사위 모양으로 잘린 템페의 겉면에 감자전분을 골고루 묻힌다. 이 과정은 생략해도 상관없지만 감자전분을 입혀서 튀기면 마늘간장 소스가 더 잘 배어 맛있다.
3. 프라이팬에 1cm 높이로 콩기름을 붓고 충분히 달군 뒤 템페를 튀기듯 굽는다.
4. 다른 프라이팬에 마늘을 다져서 넣은 뒤 현미유를 두르고 불을 켠다. 마늘 향이 올라오면 진간장, 조청, 머스코바도를 넣고 중불에서 녹인다. 이때 숟가락으로 소스를 젓지 않고 프라이팬을 살살 돌려 가며 녹여야 한다. 숟가락으로 저으면 당이 결정화되어 딱딱하게 굳는다.
5. 마늘간장 소스가 있는 팬에 템페를 넣고 중불에서 조린다. 템페에 소스를 골고루 입히고, 양념이 어느 정도 졸아들면 불을 끈다.

소스 및
활용 레시피
-
Sauce and
more recipe

시간은 모두 네 것이야

멜론 먹자는 말에 모두가 주방으로 헤쳐 모인다.
그 말을 뱉기까지 걸리는 시간은 적어도 10분. 멜론을 물이나 깨끗한 면포로 한번 닦아 표면의 먼지를 털어 낸 뒤 과감하게 식칼을 푹 찔러 넣어 반으로 가른다. 멜론씨는 소화가 잘 안되기 때문에 숟가락으로 긁어낸다. 멜론 반 통을 다시 4등분한다. 껍질과 과육 사이에 칼을 집어넣고 박을 타듯 앞뒤로 슥슥 칼질을 하면 과육와 껍질이 분리된다. 껍질 위에 과육을 그대로 올려놓은 채 한입 크기로 썬다. 가지런하게 놓인 멜론의 속살이 껍질과 선명한 대비를 이루면서 먹음직스러워 보인다. 다소 번거롭고 손을 다치지 않도록 주의해야 하지만, 보기 좋은 떡이 먹기도 좋다고 이렇게 썰어 내면 집에서도 고급 레스토랑 부럽지 않다.
자를 땐 10분이지만 먹는 데는 1분도 안 걸린다. 언제 내놓았나 싶게 멜론 껍질만 덩그러니 남아 있다. 1분과 맞바꾸는 10분이라니 비효율도 이런 비효율이 없다. 어차피 입으로 들어가면 다 똑같을 건데 뭘 그리 공을 들이나 싶다. 그나마 과일이라 이 정도지, 한 끼 식사로 생각한다면 비효율은 극대화된다. 10분이면 먹어 치울 밥상을 차리는 데 2시간이 걸리기 때문이다. 꽤 오랫동안 이렇게 시간 쓰는 것을 비효율적이라고 생각하면서 살아왔다.
나만 그렇게 생각한 건 아닌지 집집마다 주방의 풍경이 비슷했다. 연인과 함께 살 집을 알아보기 위해 부동산을 돌며 이 집 저 집 보러 다닐 때 내가 가장 궁금한 곳은 단연코 주방이었다. 주방에 머무는 시간이 긴지라 주방의 모습이 그 집의 인상을 크게 좌우했다. 수납공간은 얼마큼 마련되어 있는지, 조리 공간은 넉넉한지, 바람이 통하고 빛이 잘 드는 곳에 위치해 있는지, 그리고 무엇보다 화구의 종류가 중요했다. 세밀한 불 조절이 어려운 인덕션보다 가스레인지를 선호하는데 대부분 가스레인지 대신 인덕션이 놓여 있었다. 인덕션을 선호하는 추세라고는 해도 이렇게까지 가스레인지를 찾아보기 어려울지 몰랐다. 사람들이 왜 인덕션을 선호하는지 궁금했는데 집을 구하러 다니다 보니 실마리가 보였다. 집들의 위치도, 크기도, 금액도 모두 달랐지만 주방 풍경만은 비슷했던 것이다. 집에서 요리를 하지 않는 듯 인덕션 위에 커버가 덮여 있거나 물건이 놓여 있었고, 새로 설치한 것처럼 반짝반짝 윤이 났다. 어쩔 수 없이 생기는 오염과 흠집으로 생활감이라는 게 묻어나기 마련인데 하나같이 너무 깨끗했다. 다들 밥을 직접 해 먹지 않고 사는구나. 어차피 주방을 사용하지 않는다면 떡하니 자리를 차지하고 있는 가스레인지보다 평평한 인덕션이 공간을 활용하기에 더 나은 것이었다.

우리가 보러 간 집 대부분의 거주자가 청년이었음을 감안하면 요즘 젊은이의 생활상을 조금이나마 엿볼 수 있었던 셈이다. 하긴 장을 볼 때 머위나 두릅 같은 것을 집어 들면 엄마뻘 되는 점원분이 나와 나물을 번갈아 보며 의아하게 묻는다. 머위 손질할 줄 아세요? 그렇다고 하면 어떻게 나물을 손질할 줄 아느냐고 신통하다는 듯 쳐다보았다.

효율로 따지자면 직접 요리해 먹는 것은 그다지 경제적이지 않은 일이다. 어떤 재료를 살지 고민하는 일부터 시작해서 재료를 손질하고, 볶을지 튀길지 끓일지 조리 방식을 정하고, 썰고 양념하고 익히고 하는 데 제법 많은 시간이 들어가기 때문이다. 아침 먹고 돌아서면 점심은 무얼 먹을지, 점심 먹고 돌아서면 저녁은 또 어떡할지, 하루 종일 먹는 걱정만 하던 엄마의 심정을 십분 이해하게 되었다. 그나마 요리에 익숙하면 한두 시간 들여서 반찬 두세 가지와 국 하나를 끓이는 것이 가능하지만 익숙지 않은 사람에게는 한 그릇 요리를 만드는 데 한나절이 걸리기도 한다. 요리도 몸이 기억하는 일이라 냉장고에 남아 있는 재료만 보고도 뚝딱뚝딱 반찬을 만들어 내기까지 긴 시간을 쏟아야 한다. 먹고 남은 재료를 활용하는 것도, 음식물 쓰레기를 처리하는 것도 다 일이다. 그 일련의 과정에 신경을 쓰지 않기 위해 반조리 식품을 사거나 배달 음식을 시킨다. 그렇게 시간을 번다고도 할 수 있을 것이다. 그러니 먹는 데 들이는 시간을 아깝다고 생각하는 것도 이상한 일은 아니다. 그런데, 그렇게 아낀 시간을 어디에 쓰려는 걸까? 사람들은 그렇게 아낀 시간을 어디에 쓰고 있을까?

식생활만 그런 것은 아니다. 이동 시간을 아끼기 위해 인터넷으로 장을 보고, 1시간 걸어갈 거리를 탈것을 이용해 20분으로 단축한다. 1시간짜리 드라마를 20분짜리 요약본으로 보고 40분을 번다. 7시간 수면을 5시간으로 줄여 2시간을 번다. 그렇다면 모두가 시간부자여야 할 것 같은데, 어쩐지 다들 더 바빠진 것만 같다. 바빠서, 시간이 없어서, 해야 할 게 너무 많아서, 같은 말은 줄어들 기미가 보이지 않는다.

우리는 아껴서 번 시간에 무얼 하나. 내가 아낀 시간으로 득을 보는 사람은 나여야 할 것 같은데 아무래도 그런 것 같지 않다. 일하는 시간만 자꾸 늘어 간다. 몸은 자꾸 아프고 마음은 황폐해져만 간다. 남는 시간에도 뭘 하지 않으면 안 될 것 같아서 자꾸 마음이 조급해진다. 살아 있다는 감각을, 존재하는 방법을 잊어버린 것만 같다.

몇 년 전, 김밥을 싸 들고 친구와 산에 놀러 갔다. 산에 오른 지 얼마 되지 않았는데 친구가 수업 예약해 둔 것을 깜빡했다며 얼른 가야겠다고 일어섰다. 산에 좀 더 있고 싶은데 시간이 없네, 아쉬워하면서. 듣고 싶었던 수업이었으니 서둘러 내려갔어도 좋았을 테지만, 수업을 가지 않고 산에 더 머물렀다고 해도 그 시간은 그 시간대로 좋았을 것이다. 그때 친구는 마치 남의 시간을 빌려서 사는 사람처럼 보였다. 그 모습이 안타까워서 이렇게 말했던 기억이 난다. 시간은 모두 네 거야.

그렇다. 시간은 모두 내 것이다. 주방에 서 있는 시간 동안 나는 내내 살아 있다. 그러니 그 시간은 전혀 아깝지 않다. 몇 시간이 든 다 해도, 그 시간 동안 나는 내내 존재했으니. 나를 먹여 살리는 그 시간만큼은 오롯한 삶의 주체가 된다.

01.

미나리 간장과
콩나물 덮밥

ingredient.
- 미나리 간장: 미나리 10줄기, 조선간장 3큰술, 매실액 4큰술, 간 참깨 1큰술, 참기름 1큰술, 식초 1큰술
- 콩나물 덮밥: 콩나물 1봉지, 토판염 1작은술

입맛 없는 봄날, 미나리 간장 얹은 콩나물 덮밥으로 봄기운을 충전해 보자. 추운 겨울을 견디고 향을 가득 품은 채 돋아나는 봄의 채소로 간장을 만들어 두면 오래 보관해도 잘 상하지 않고 여기저기 활용도가 높다. 전이나 콩나물 덮밥, 맑은 순두부찌개의 양념장으로 좋고, 맑은 전골의 건더기를 찍어 먹어도 잘 어울린다. 밥에 김을 싸서 양념장을 얹어 먹으면 다른 반찬이 필요 없다. 미나리는 달래나 부추로 대신해도 좋다.

콩나물 덮밥은 콩나물을 얹은 채로 밥을 지어도 되지만 콩나물을 따로 삶아서 올리면 더욱 아삭하게 즐길 수 있다. 콩나물만 있는 것이 심심하게 느껴진다면 느타리버섯을 한입 크기로 찢어서 콩나물과 함께 삶아 콩나물 버섯 덮밥으로 즐겨도 맛있다. 콩나물은 머리와 꼬리를 떼어 낼 필요 없이 전부 사용한다. 콩나물 머리에 영양분이 몰려 있으며, 손질하지 않고 세척만 해서 삶으면 훨씬 고소하다. 번거롭지 않은 데다 음식물 쓰레기도 줄어드니 일석이조.

미나리 간장

1. 미나리를 쫑쫑 썬다.
2. 미나리에 조선간장, 매실액, 간 참깨, 참기름, 식초 1큰술을 넣고 잘 섞는다.
3. 30분 정도 두었다 먹는다. 바로 먹어도 상관없지만 미나리에서 수분이 나오도록 조금 두면 더 맛있다. 냉장고에 넣어 보관할 예정이라면 참기름은 먹을 만큼만 덜어 내서 넣는다. 기호에 따라 식초는 생략해도 좋다.

콩나물 덮밥

1. 콩나물을 물에 담가서 두어 번 흔들어 씻고 물기를 털어 낸다.
2. 냄비에 콩나물과 토판염을 넣고 골고루 버무린 뒤 뚜껑을 닫고 약불에 올린다.
3. 콩나물이 익으며 새어 나오는 증기에서 콩나물 비린내가 나지 않고 고소한 냄새가 날 때까지 가열한다.
4. 콩나물이 다 익으면 불에서 내려 체에 밭쳐 둔다.
5. 밥 위에 콩나물을 올리고 미나리 간장을 적당량 얹는다.

02.

셀러리 페스토와
페스토 파스타

ingredient.

- 셀러리 페스토: 잣 2큰술, 조선간장 2큰술, 토판염 0.5작은술, 셀러리 잎 3줌
- 페스토 파스타: 파스타 면 4인분, 굵은소금 1큰술, 마늘 4알, 현미유 적당량, 셀러리 페스토

셀러리는 막상 구매하면 어떻게 다 소진해야 할지 잘 모르겠는 재료이기도 하다. 줄기는 볶아서 먹거나 두부무침에 활용하고, 잎으로는 전을 부치거나 페스토를 만들면 남김없이 먹을 수 있다. 또는 피클을 담가도 좋고, 수프를 끓일 때 허브 가루 대신에 넣으면 풍미를 높일 수 있다. 셀러리 말고도 다양한 향채로 페스토를 만들 수 있다. 바질과 루꼴라, 고수 같은 허브부터 깻잎, 쑥갓, 명이나물, 풋마늘, 미나리, 참나물 혹은 데친 후 물기를 짠 봄나물을 사용해도 좋다. 파스타 면을 삶아서 버무리면 페스토 파스타가 되고, 샌드위치 속에 바르거나 삶은 감자, 고구마, 단호박 으깬 것에 섞어서 샐러드로 먹어도 맛있다. 빵이나 크래커에 바르면 간단한 안주가 된다.

셀러리 페스토

1. 프라이팬에 잣을 넣고 약불로 노릇하게 볶는다.
2. 푸드프로세서로 잣을 간다.
3. 셀러리 잎을 다진다.
4. 갈아 둔 잣에 다진 셀러리와 조선간장을 넣고 다시 곱게 간다.
5. 토판염을 넣어 간을 마저 한다.

페스토 파스타

1. 냄비에 물을 넉넉히 받고 굵은소금을 넣어 팔팔 끓인다.
2. 끓는 물에 파스타 면을 삶는다.
3. 마늘은 편을 썬다.
4. 면이 다 익어 갈 때쯤 프라이팬에 마늘을 넣고 현미유를 두른 뒤 향이 올라올 때까지 볶는다.
5. 프라이팬에 면을 건져서 넣고, 셀러리 페스토를 추가해 골고루 버무린다.

03.

레몬 소금과
토마토 살사

ingredient.

- 레몬 소금: 레몬 3개, 레몬 무게 10~30%의 굵은소금, 열탕소독 한 병 (500ml)
- 토마토 살사: 토마토 1개, 양파 ¼개, 청양고추 ½개, 초당옥수수 ½개, 레몬 소금 1작은술(또는 토판염 1작은술과 레몬 ¼개)

제주에서 재배하는 레몬은 겨울이 제철이다. 수입산을 써도 레몬 소금의 맛에는 큰 차이가 없지만 수입산 레몬에는 왁스 코팅이 되어 있어 손질이 무척 까다롭다. 국내산 레몬은 흐르는 물에 씻어서 바로 사용하면 된다. 레몬즙과 소금이 들어가는 요리에 레몬 소금을 두루 사용할 수 있다. 살사소스나 후무스를 만들 때 주로 사용하며, 올리브오일에 레몬 소금을 넣어 간을 한 뒤 식초나 허브 가루, 당분을 추가해 샐러드드레싱을 만들기도 한다.

소금의 양에 따라 레몬 소금의 보관 기간이 달라진다. 소금을 넉넉하게 넣으면 냉장고에서 2년까지도 보관할 수 있다. 애매하게 남은 레몬이 있다면 레몬 소금으로 만들어 두는 것을 추천한다. 고급 소금을 사용할 필요 없이 굵은소금이면 충분하다.

레몬 소금이 들어가는 요리 중에서 여름철 간단하게 즐기기 좋은 것이 토마토 살사다. 새콤달콤해서 입맛을 돋운다. 약간의 단맛을 위해 초당옥수수를 넣곤 하는데 참외나 천도복숭아, 파프리카, 데친 마늘종이나 줄기콩으로 대신해도 좋다. 마카로니나 푸실리 같은 짧은 파스타 면을 삶아서 토마토 살사에 버무리면 샐러드 파스타로 변신해 훌륭한 한 끼 식사가 된다. 냉장고에 보관해 두면 채소에서 수분이 빠져나오며 물이 생기므로 산뜻하게 즐기려면 바로 먹는 것이 좋다. 마지막에 후추를 살짝 갈아서 넣거나 말린 허브 가루를 뿌리면 향미가 더해진다. 허브 향을 좋아한다면 고수나 딜, 파슬리, 셀러리 다진 것을 넣어도 좋다.

레몬 소금

1. 세척 후 물기를 제거한 레몬을 0.5cm 두께로 썬다. 두꺼워도 크게 상관없지만 얇게 슬라이스를 하면 소금과 맞닿는 면이 늘어나면서 소금이 좀 더 잘 녹는다.
2. 레몬 씨앗을 꼼꼼하게 제거한다.
3. 레몬 슬라이스의 무게를 재고, 해당 무게 30% 분량의 굵은소금을 준비한다.
4. 열탕소독을 한 병에 레몬 슬라이스와 굵은소금을 켜켜이 담는다.
5. 실온에 두고 하루에 한 번씩 소금이 잘 녹도록 소독한 숟가락으로 뒤적여 준다.
6. 담근 지 4일째가 되면 레몬과 녹은 소금을 전부 블렌더에 넣고 간다.
7. 잘 갈린 레몬 소금을 열탕소독 한 병에 꾹꾹 눌러 담고 냉장고에 보관하며 사용한다.

토마토 살사

1. 물 한 컵에 굵은소금 1작은술을 넣고 끓인다.
2. 초당옥수수의 알을 털어 낸 뒤 끓는 물에 살짝 데친다. 선명한 노란색이 되면 바로 건져 낸다. 초당옥수수는 생으로 먹기도 하므로 데치지 않고 사용해도 괜찮다.
3. 양파와 토마토를 새끼손톱 크기로 깍둑썰기 하고 청양고추는 잘게 다진다.
4. 초당옥수수와 양파, 토마토, 청양고추, 레몬 소금을 한데 섞으면 완성.

04.

완두콩 후무스와
후무스 허브 김밥

ingredient.

- 완두콩 후무스: 완두콩 1컵, 레몬 소금 1작은술(또는 레몬 ¼개, 토판염 1작은술), 참깨 1큰술, 참기름 1큰술
- 후무스 허브 김밥: 밥 4공기+토판염 1작은술+간 참깨 1큰술+참기름 1큰술, 당근 1개+토판염 ⅓작은술, 적양배추 ¼개+토판염 0.5작은술, 양파 ½개+식초 30g+토판염 0.5작은술+물 15g+머스코바도 30g, 템페 1팩+진간장 2큰술+물 ½컵, 완두콩 후무스, 고수 4줄기, 김 6장

후무스는 감칠맛이 나는 콩 스프레드다. 보통 병아리콩을 사용하지만 초여름 완두콩은 익히기 쉬운 데다 특유의 달콤함이 있어서 후무스로 만들기 좋다. 가을에는 호랑이콩으로 대신할 수 있다. 익히는 시간이 적은 생콩을 쓰는 것이 좋고, 말린 콩의 경우 하룻밤 불려서 삶으면 된다. 완두콩은 그 자체로 귀여운 연둣빛을 띠지만 다른 콩을 사용할 때는 비트를 함께 넣고 갈아서 색을 내기도 한다. 후무스를 만들 때 사용하는 참깨 소스 타히니는 직접 간 참깨와 참기름으로 대체하고 있다.

사실 후무스는 김밥 때문에 만든다고 해도 과언이 아니다. 후무스를 넣은 김밥은 이제까지 먹었던 김밥과는 차원이 다르다. 기호에 따라 적양배추 대신 우엉조림을 넣기도 한다. 고수가 싫다면 루꼴라로 대신하거나 쑥갓이나 상추를 넣어도 맛있다.

완두콩 후무스

1. 물 한 컵에 굵은소금 1작은술을 넣고 끓인 뒤 완두콩 풋내가 날아갈 때까지 삶는다.
2. 절구에 참깨를 곱게 빻는다. 푸드프로세서에서는 곱게 갈리지 않는 데다 참깨의 지방분이 충분히 나오지 않는다. 참깨 대신 들깻가루를 넣어도 되지만 풍미가 달라진다.
3. 푸드프로세서에 삶은 완두콩과 참깨 가루, 참기름, 레몬 소금을 넣고 간다. 곱게 가는 것이 핵심으로, 잘 갈리지 않으면 물이나 올리브오일을 조금씩 넣어 준다. 올리브오일을 넣으면 보관 기간이 늘어난다는 장점이 있고, 물을 넣으면 보관 기간은 짧아지지만 기름이 들지 않아 몸에 부담이 덜 간다.

후무스 허브 김밥

1. 양파를 1cm 두께로 채 썬다.
2. 냄비에 식초, 토판염, 머스코바도와 물을 넣고 팔팔 끓인 뒤 불을 끄고 양파를 넣어 잘 섞는다.
3. 적양배추는 채를 썰고 토판염에 버무려 둔다.
4. 당근은 채를 썰고 토판염에 버무린 뒤 프라이팬에 기름을 두르고 볶는다.
5. 템페를 가로로 길게 놓고 8등분을 한다. 프라이팬에 기름을 두르고 템페의 네 면을 노릇하게 익힌 뒤 물 반 컵과 진간장을 넣고 수분이 사라질 때까지 조린다.
6. 절인 적양배추의 물기를 꼭 짜고, 양파절임은 체에 밭쳐 물기를 뺀다.
7. 따뜻한 밥에 토판염, 간 참깨, 참기름을 넣어 간을 한다.
8. 김 2장은 반을 잘라 두고, 고수는 씻어서 뿌리를 제거한다.
9. 김 1장 위에 반으로 자른 김을 비스듬하게 사선으로 두고 밥 1공기를 고루 편다. 김 1장에 꽉 차도록 펴 주면 된다.
10. 김의 아래쪽 ⅓ 범위에 후무스 2큰술을 3cm 폭으로 바른다. 그 위에 템페와 양파절임, 고수, 당근, 적양배추를 적당량 올려서 말아 준다.

05.

와사비 마요네즈와
두부 크럼블 샌드위치

ingredient.

- 와사비 마요네즈: 두유 50g, 현미유 50g, 식초 10g, 토판염 1작은술, 와사비 20g, 머스코바도 10g, 간수 뺀 두부 100g
- 두부 크럼블 샌드위치: 잼 아무거나, 홀그레인 머스터드, 두부 1모, 진간장 1큰술, 와사비 마요네즈, 식빵 2장, 상추 2장, 토마토 슬라이스 2장

마요네즈는 다양한 요리에 두루 사용할 수 있는 만능 소스다. 첨가물이 많이 들어간 시판 마요네즈보다 직접 만든 것을 선호하기에 넉넉히 만들어 두는 편이다. 냉장고에서 2주가량 보관할 수 있으며, 물기가 생기면 따라 내고 먹으면 된다. 두부의 양으로 농도를 조절할 수 있고, 두부 향을 가리기 위해 와사비를 넣지만 전혀 맵지 않고 감칠맛이 생긴다. 연두부를 사용하면 와사비는 넣지 않는다. 기름은 향이 없다면 어떤 것이든 상관없다. 두부 크럼블 샌드위치는 내가 만든 샌드위치 중에서 단연코 가장 맛있다. 와사비 마요네즈와 섞은 두부 크럼블은 만들어 두면 무척 유용한데, 리코타 치즈 같은 풍미가 나서 크래커에 얹어 와인 안주로 페어링 해도 좋고 샐러드에 고명으로 올려도 좋다. 밥에 비벼서 김을 싸 먹어도 맛있다.

와사비 마요네즈

1. 두부는 체에 밭쳐 30분 이상 간수를 뺀다.
2. 두부를 포함한 모든 재료를 푸드프로세서나 블렌더에 넣고 곱게 간다.
3. 냉장고에 한두 시간 두었다가 사용하면 질감이 좀 더 단단해진다.

두부 크럼블 샌드위치

1. 기름을 두른 프라이팬에 간수 뺀 두부를 손으로 으깨어 넣고 볶는다.
2. 두부가 노릇해지면 진간장을 넣고 간이 골고루 배도록 잘 섞는다. 부드러운 두부 크럼블이 좋다면 전체적으로 노릇해질 때까지 기다리지 않고 불을 끄면 된다.
3. 두부 크럼블을 어느 정도 식힌 뒤 와사비 마요네즈(레시피에 적힌 분량 모두)를 넣고 잘 섞는다.
4. 상추는 씻은 뒤 물기를 제거하고, 토마토는 0.7cm 두께로 썬다.
5. 식빵의 한쪽 면에 잼을 바른다.
6. 잼 위에 상추 2장과 토마토 슬라이스 2장, 와사비 마요네즈와 섞은 두부 크럼블을 순서대로 얹는다.
7. 다른 식빵의 한쪽 면에는 홀그레인 머스터드를 소량 바른 뒤 6 위에 얹고 먹기 좋게 자른다. 홀그레인 머스터드는 생략해도 상관없다.

06.

탕수 소스와
연근 탕수

ingredient.

- 탕수 소스: 머스코바도 90g, 현미식초 90g, 토판염 8g, 물 180g, 전분물(전분 1큰술+물 1큰술), 채소 조금(3cm 두께로 자른 무 1개)
- 연근 탕수: 연근(20cm) 1개, 감자전분 100g(½컵), 콩기름 넉넉히

탕수 소스는 꼭 튀김에 곁들이지 않아도 구운 두부나 템페 위에 얹거나 소스에 채소를 듬뿍 넣어서 밥과 먹어도 좋다. 간단하게 근사한 반찬을 만들 수 있고, 특별한 요리의 소스로도 활용할 수 있어서 레시피를 알아 두면 유용하다.

일반적인 탕수 소스에는 파프리카, 당근, 양파, 오이, 목이버섯 같은 채소와 파인애플, 사과 등의 과일을 사용하는데 여기서는 무를 넣어 보았다. 기름진 음식을 먹을 때 무에 함유된 디아스타아제가 소화를 돕기 때문이다. 다만 익힐수록 효소가 파괴되므로 무는 살짝만 익히도록 한다. 아삭한 식감이 살아 있으면 맛도 더욱 좋다. 채소를 넣지 않고 소스를 만들어도 상관없다. 본 레시피는 꿔바로우 소스처럼 새콤한 스타일로, 좀 더 탕수육 소스에 가까운 달콤한 레시피를 원한다면 소금 대신 진간장 20g을 넣어 간을 하고 식초의 양을 ⅓로 줄이면 된다.

개인적으로 채소 탕수 중에서도 연근 탕수를 좋아한다. 연근 외에 말린 표고버섯을 불렸다가 물기를 꼭 짜서 사용하거나 소금에 살짝 절인 가지

의 물기를 없앤 뒤 조리해도 맛있다. 언리미트 슬라이스를 사용하면 콩고기 특유의 냄새가 날아가고 식감이 바삭해서 꿔바로우와 비슷해진다.

탕수 소스

1. 무는 껍질을 벗기지 않고 새끼손톱 크기로 깍둑썰기 한다.
2. 무와 전분물을 제외한 나머지 재료를 냄비에 넣고 끓인다.
3. 한소끔 끓으면 중약불로 줄이고 무를 넣어서 익힌다.
4. 무를 넣고 다시 한소끔 끓어오르면 바로 전분물을 넣어 농도를 맞춘다.

연근 탕수

1. 탕수 소스를 미리 만들어 둔다.
2. 연근은 껍질을 벗기지 않고 사용할 것이므로 거친 수세미로 박박 문질러서 깨끗이 닦는다.
3. 연근을 한입 크기로 썬다. 측면이 삼각형이 되도록 살짝 비스듬하게 썰면 얇은 부분은 바삭하고 두꺼운 부분은 쫀득하면서 아삭한 식감이 되어 더욱 맛있다. 일단 3cm 두께로 썬 다음 사선 방향으로 한 번 더 썰어도 된다.
4. 연근에 물 2큰술을 뿌려서 표면에 물을 골고루 묻힌 뒤 감자전분을 넣고 잘 버무린다. 감자전분은 물과 만나면 굳는 성질이 있으므로 딱딱하게 굳는 것이 정상이다. 연근과 감자처럼 단독으로 튀겨서 먹기도 하는 채소의 경우 반죽이 다소 듬성듬성 묻거나 감자전분에 묻히지 않고 튀겨도 괜찮지만 피망이나 가지 등의 채소들은 감자전분을 고루 입히는 것이 좋다.
5. 팬에 기름을 2cm 높이로 붓고 달군다(연근은 기름이 덜 달궈졌을 때 넣어도 그렇게 기름지지 않지만 다른 채소의 경우 달군 기름에서 튀겨야 한다).
6. 기름에 연근을 넣고 튀긴다. 감자전분을 입히면 다 튀겨져도 좀처럼 노릇해지지 않으므로 살짝 노릇한 느낌이 돌면 건져 낸다.

07.

쌈장과
호박잎 쌈밥

ingredient.

- 쌈장: 고추장 깎아서 1큰술, 된장 듬뿍 1큰술, 매실액 3큰술, 들깻가루 3큰술
- 호박잎 쌈밥: 호박잎 20장(4인분), 밥 3공기, 굵은소금 1작은술, 토판염 1작은술, 참기름 약간, 쌈장 적당량

쌈장을 만드는 방법은 집집마다 다를 것이므로 기본 레시피와 함께 다양한 응용법을 소개하고자 한다. 레시피의 들깻가루는 볶은 콩가루나 미숫가루로 대신해도 좋고 견과류 간 것이나 다진 것을 넣어도 좋다. 고소한 맛이 한층 증가한다. 매실액 대신 과일이나 양파를 갈아서 넣으면 부드러운 단맛을 낼 수 있고 숙성 후 더욱 맛있어진다. 매운 걸 좋아하면 청양고추를 썰어 넣자. 쌈장은 집에 있는 재료를 최대한 활용해서 만드는 것을 추천한다. 애매하게 남아 있는 채소를 갈거나 볶아서 넣으면 쌈장의 맛이 다채로워진다. 들기름이나 참기름은 쌈장을 만들 때 넣지 않고 먹기 직전에 두른다.

쌈장으로 약고추장을 만들기도 하고 찌개를 끓일 수도 있다. 약고추장을 만들 때는 양파나 불린 표고버섯을 다져서 볶은 뒤 물에 갠 쌈장을 넣고 보글보글 끓이면 되는데, 여기에 고추장만 조금 더해 준다.

상추와 깻잎 외에도 삶은 양배추나 호박잎, 케일, 데친 머윗잎이나 곰취에

밥을 싸서 쌈장을 얹어 먹으면 맛있다. 쌈장이 있으니 밥에는 간을 하지 않아도 될 것 같지만 간을 하는 편이 훨씬 맛있다. 두부나 템페를 구워서 함께 넣으면 더욱 든든한 한 끼 식사가 된다.

쌈장
1. 모든 재료를 한데 넣고 잘 섞는다.
2. 먹기 직전에 참기름을 두른다.

호박잎 쌈밥
1. 사이즈가 넉넉한 냄비에 물을 충분히 받고 굵은소금을 넣어 끓인다.
2. 물이 끓는 동안 호박잎을 손질한다. 흐르는 물에 씻은 뒤 호박잎의 거칠칠한 면에 튀어나온 잎맥을 살짝 꼬집어서 한 겹 벗겨 내면 좀 더 부드러운 쌈밥을 즐길 수 있다.
3. 물이 끓으면 손질한 호박잎을 넣고 데친다. 호박잎은 금세 익으므로 파랗게 변하면 잠시 뒤 건져 내서 넓은 채반에 밭쳐 식힌다. 찬물에 담가 식히면 호박잎의 맛이 빠져나간다.
4. 밥에 굵은소금, 토판염, 참기름을 넣고 간을 한다.
5. 호박잎이 적당히 식으면 손이나 면포로 물기를 살짝 제거한다. 호박잎이 찢어지지 않도록 조심스럽게 짜낸다.
6. 호박잎 1장을 펼쳐서 밥 1큰술을 넣고 돌돌 만다. 이때 호박잎의 거친 면이 위로 오도록 놓고 쌈밥을 싸야 입에 닿는 면이 보드랍다.
7. 쌈밥 위에 쌈장 0.5작은술을 올린다. 호박잎 안에 밥과 쌈장을 함께 넣고 쌈밥을 싸도 상관없다.

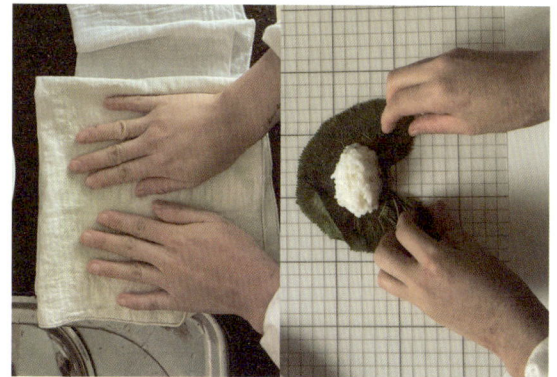

08.

양념치킨 소스와
떡강정

ingredient.

- 양념치킨 소스: 고추장 5큰술, 조청 5큰술, 물 15큰술, 마늘 6알, 현미유 적당량
- 떡강정: 양념치킨 소스 10큰술, 케첩 2큰술, 떡(손가락 길이) 약 20개

채식 중에 자극적인 맛이 당기면 양념치킨 소스를 곁들여 보자. 찍어 먹는 소스로도 좋지만 양념치킨 소스와 재료를 함께 볶으면 강정이 된다. 떡을 비롯해 템페, 간수를 뺀 두부, 가지, 표고버섯 등을 튀긴 후 소스에 볶으면 완성이다. 찰옥수수 찐 것을 얼려 두었다가 반죽을 입혀 튀긴 후 강정으로 만들어 먹어도 쫄깃하고 맛있다. 양념치킨 소스는 고추장과 조청, 마늘만으로 맛을 내도 충분하다. 밀고추장보다는 찹쌀고추장이 더 달기 때문에 밀 고추장을 사용할 경우에는 조청의 양을 늘린다.

떡강정을 만들 때 주의할 점은 떡을 튀기면 안 된다는 것이다. 떡은 수분이 빠져나갈 틈이 없을 만큼 조직이 촘촘해서 기름에 튀기면 폭탄이 터지듯 난장판이 된다. 프라이팬에 기름을 살짝만 둘러서 튀기듯 구워야 한다. 한쪽 면이 딱딱해지면 뒤집어서 반대편을 익히는데, 이때 떡이 부풀어 오르려는 기미가 보이면 터지지 않도록 재빨리 건져 낸다.

양념치킨 소스
1. 마늘을 다진다.
2. 달구지 않은 팬에 현미유를 두르고 다진 마늘을 넣어서 볶는다. 이 과정은 생략해도 괜찮지만 마늘을 볶아서 사용하면 풍미가 좋아져서 시판 소스의 맛과 비슷해진다. 다만 기름을 사용하므로 볶은 마늘을 넣은 소스는 오래 보관하지 않는 것이 좋다.
3. 팬에 나머지 재료를 모두 넣고 적당한 농도로 끓인다. 소스는 식으면서 점성이 생기므로 너무 걸쭉하게 졸이지 않는다. 강불에서 한소끔 끓인 뒤 약불로 줄이고 거품이 표면을 가득 메울 때까지 끓이면 된다.

떡강정
1. 프라이팬에 기름을 0.5cm 높이로 붓고 달군다.
2. 떡을 넣고 튀기듯이 굽는다.
3. 구운 떡을 건져낸 뒤 프라이팬의 기름을 없앤다.
4. 팬에 양념치킨 소스와 케첩을 넣고 잘 섞은 뒤 불을 켠다.
5. 소스가 보글보글 끓으면 떡을 넣고 골고루 버무린다.

Epilogue.

나를
만나게 될지 모른다

살면서 레시피에 대해 이토록 오랫동안 생각해 본 적이 없다. 레시피란 무엇인가, 이 책이 세상에 왜 나와야만 하는가, 꼬박 1년 동안 끊임없이 스스로에게 물으며 답을 찾아온 과정이 고스란히 지면에 담겼다. 그러니 이것은 결과물이라기보다 과정의 순간들을 붙잡아 놓은 기록물에 가깝다. 또한 그러므로 책에 담긴 레시피는 고정된 것, 절대 불변의 것이 아니라 언제든 어떻게든 무궁무진하게 변화할 수 있다.

책을 쓰면서 레시피북 저자인 나조차 레시피를 만들어 내는 메커니즘을 정확히 모르고 있다는 사실을 깨달았다. 어떤 레시피는 머릿속으로 구상하고 계획한 대로 만들어지지만, 대부분은 우연의 산물이다. 채식 짬뽕을 만들려고 했는데 고수 식초를 넣었더니 똠얌 수프가 되기도 하고, TV를 보다가 백종원 씨가 먹는 새우 크림 크로켓이 먹고 싶어져서 '어떻게 하면 채소로 저 맛을 구현할 수 있을까'를 고민하다가 들깨 감자 크로켓을 만들어 내기도 한다.

레시피의 탄생에는 요리와 전혀 상관없어 보이는 순간들이 녹아 있다. 읽은 책과 본 영화, 만난 사람들, 잠시 머물렀던 공간이나 내가 먹은 음식 같은 것들은 샅샅이 기억하지 못한다 해도 내 안의 어딘가에 남기 마련인데, 그것들이 때때로 불쑥 튀어나와 오늘의 나와 조우한다. 그렇게 내 안에 쌓인 것들이 모여 내가 쓰는 글과 말, 만드는 음식, 지금 짓고 있는 표정이 된다. 내가 살아온 모든 시간이 모든 지금을 만든다.

매 순간이 결코 재현해 낼 수 없는 단 한 번뿐인 시간이기에 더욱 소중하다. 일본에는 이치고 이치에(一期一会), 우리말로 '일생에 한 번 있는 인연이나 만남'을 뜻하는 표현이 있다. 요리도 마찬가지다. 똑같은 레시피로 만들더라도 매번 다르게 완성된다. 모든 요리는 단 한 번만 존재한다. 바로 그 순간에만 만날 수 있다. 그날의 채소 상태, 채소가 자란 환경, 채소를 키운 농부의 삶의 태도가 요리에 깃들어 있으며 그날의 날씨와 요리한 사람의 컨디션, 주방의 여건에 따라서도 결과물이 달라진다. 또한 요리를 먹는 사람의 기분, 마음가짐, 상황에 따라서도 맛이 달라질 수 있다. 그러므로 책 속 레시피대로 만든 당신의 식탁 위에 놓일 요리는 나의 것과는 분명 다를 것이다.

어쩌면 실망스러울지도 모른다. 보통은 책에서 본 것과 똑같은 요리가 나오기를 기대할 테니까. 그러나 단순히 레시피를 따라 한다고 생각하는 대신, 나를 찾아가는 과정이라고 여겨 보면 어떨까. 레시피는 어디까지나 하나의 기준일 뿐이고 그 기준에 반드시 맞출 필요는 없다. 이렇게 저렇게 요리해 보면서 내가 어떤 것을 좋아하는지 어떻게 하고 싶은지를 알아 가고, 그 과정을 통해 나에게 적절한 기준을 스스로 만들어 가는 것이다.

무엇이든 처음이 가장 어렵다. 그러나 시작하지 않으면 아무

일도 일어나지 않고 아무것도 알 수가 없다. 주방에서는 얼마든지 실패해도 괜찮다. 다시 말하지만, 고작해야 맛없는 음식을 먹는 것뿐이다. 이 책의 독자님들이 자신에게 맞는 레시피를 찾아가는 여정을 그저 즐기시면 좋겠다.

    레시피를 따라 했을 뿐인데, 이전에 본 적 없던 나를 만나게 될지도 모른다.

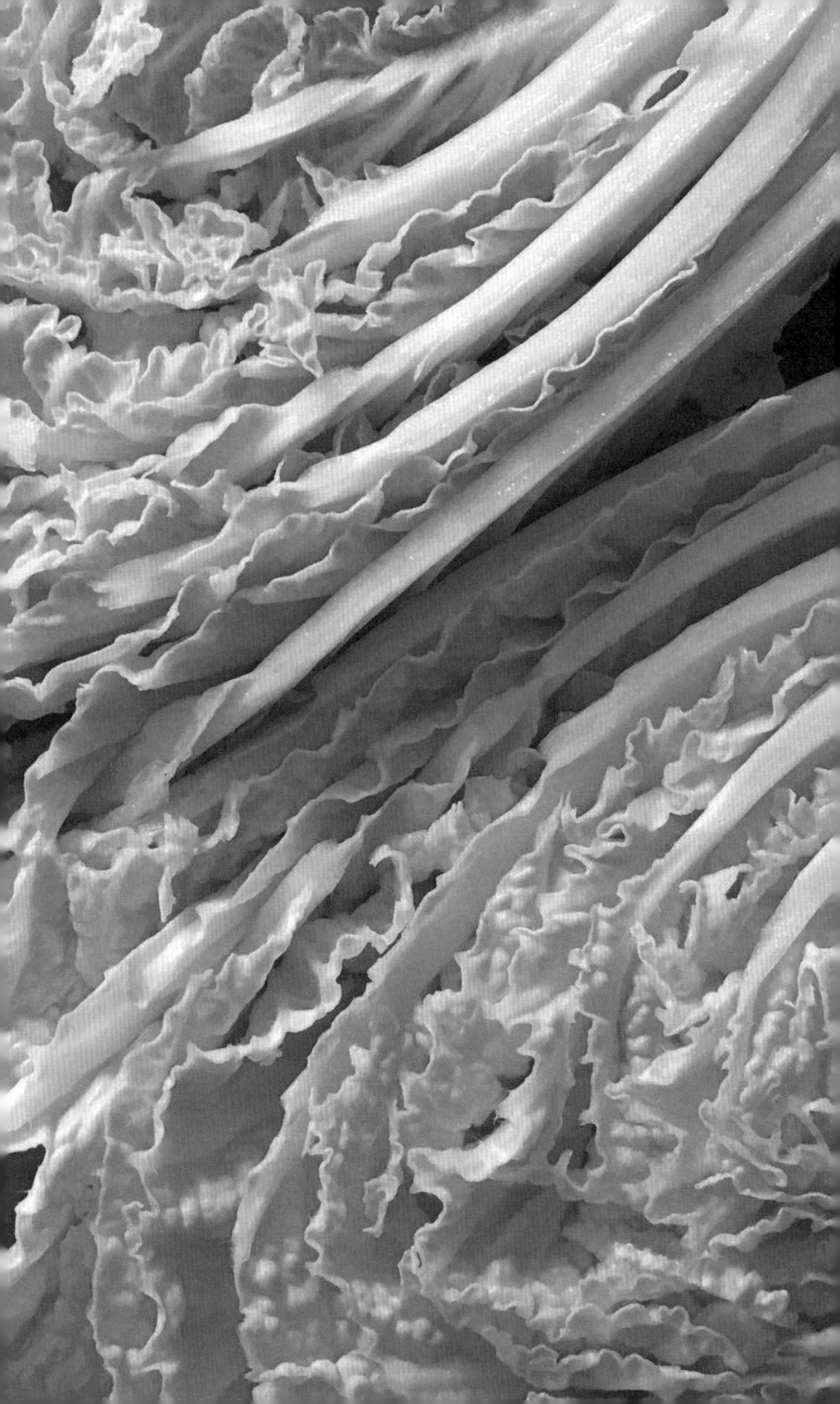

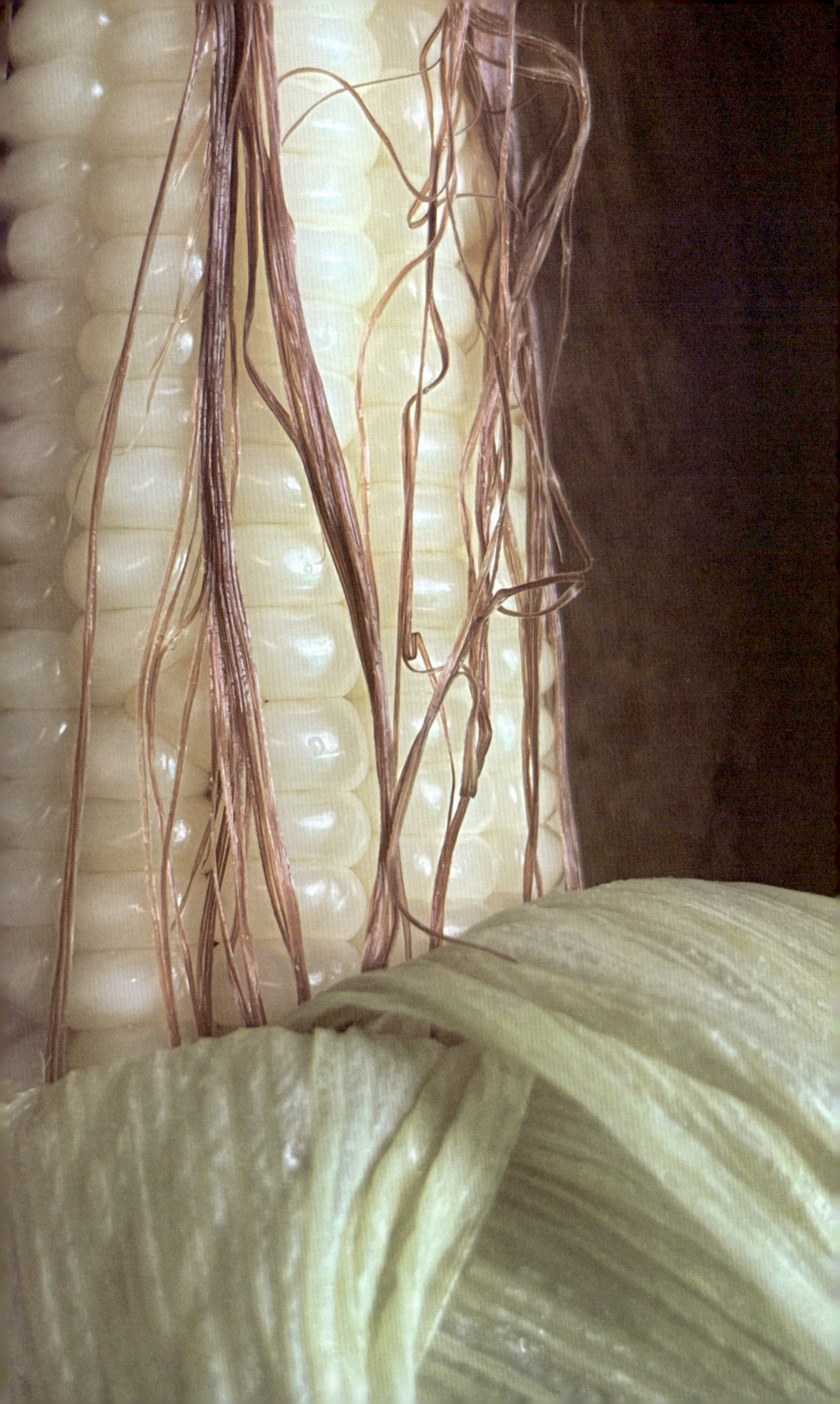

채소와 마주 한 상

초판 1쇄 발행 2024년 4월 4일

지은이 재인
펴낸이 이광재

책임편집 김난아
디자인 이창주
마케팅 정가현   영업 허남, 성현서

펴낸곳 카멜북스   출판등록 제311-2012-000068호
주소 서울특별시 마포구 양화로12길 26 지월드빌딩 (서교동 395-7) 3층
전화 02-3144-7113   팩스 02-6442-8610   이메일 camelbook@naver.com
홈페이지 www.camelbooks.co.kr   페이스북 www.facebook.com/camelbooks
인스타그램 www.instagram.com/camelbook

ISBN 979-11-93497-04-3(13590)

- 책 가격은 뒤표지에 있습니다.
- 파본은 구입하신 서점에서 교환해 드립니다.
- 이 책의 저작권법에 의하여 보호받는 저작물이므로 무단 전재 및 복제를 금합니다.